KB120447

〈댈러스〉 보기의 즐거움

우리의 삶을 드라마처럼 상상하다

나남
nanam

방송문화진흥총서 178

〈댈러스〉 보기의 즐거움

우리의 삶을 드라마처럼 상상하다

2018년 6월 5일 발행
2018년 6월 5일 1쇄

지은이   이엔 앙
옮긴이   박지훈
발행자   趙相浩
발행처   (주) 나남
주소   10881 경기도 파주시 회동길 193
전화   (031) 955-4601 (代)
FAX   (031) 955-4555
등록   제 1-71호 (1979.5.12)
홈페이지   http://www.nanam.net
전자우편   post@nanam.net

ISBN 978-89-300-8963-0
ISBN 978-89-300-8655-4(세트)

책값은 뒤표지에 있습니다.

이 책은 MBC재단 방송문화진흥회의 지원을 받아 출간되었습니다.

방송문화진흥총서 178

〈댈러스〉 보기의 즐거움

우리의 삶을 드라마처럼 상상하다

이엔 앙 지음 | 박지훈 옮김

WATCHING DALLAS
Soap Opera and the Melodramatic Imagination

한국어판 머리말

《〈댈러스〉 보기의 즐거움: 우리의 삶을 드라마처럼 상상하다》가 한국어로 번역된다는 소식을 듣고 매우 기뻤다. 이 책은 네덜란드에서 1982년에 처음 출판되었는데, 1985년에 영어로 번역·출판된 이후 국제적 명성을 얻게 되었다. 비록 오래된 저서이지만 한국의 미디어와 대중문화 현상을 이해함에 있어 유용하게 활용될 수 있기 바란다.

　이 책이 출판된 당시 영어권에서는 미디어와 대중문화에 대한 관심이 상당했고, (당시 나를 포함한) 학생들은 사람들의 삶에서 텔레비전 시청이 갖는 의미를 이해하기 원했다. 하나의 방송 프로그램이 인기가 있다는 것은 정확히 무슨 의미일까? 사람들은 텔레비전을 시청하며 어떻게 즐거움을 경험하게 될까? 텔레비전 시청 과정에서 사람들은 어떤 의미들을 도출하는가? 달리 말하면, 나는 엘리트적인 관점에서 텔레비전 시청자들을 고려할 가치가 없는 사람으로 치부하는 것이 아니라 대중문화에 진지하게 접근하고 이 문제를 텔레비전 시청자들의 관점에서 이해하기 원했다.

이 책이 쓰일 당시 수용자들은 행위성과 주체성이 결여된 익명의 군중으로 여겨지곤 했다. 《〈댈러스〉 보기의 즐거움》은 당시 만연했던 지적 편견에 반대하는 시도였다. 그렇다고 해서 이 책이 대중문화에 대한 무비판적인 관점을 취했다는 것은 아니다. 나는 이 책에서 문화에 관한 비평은 수용자들이 대중문화와 관계를 맺는 적극적인 방식을 고려해야 한다고 주장하고 싶었다.

이 저서는 지난 30~40년간 인문학과 사회과학을 아우르며 학제간에 중요하게 연구된, 문화연구라는 이론적 입장의 주된 관심사와 방법론적 접근을 반영한 작업이다. '포퓰리즘'에 대한 논쟁이 벌어지고 있는 현시점에서도 문화연구의 이론적, 방법론적 관점이 가지는 유용성은 여전히 유효하다고 생각한다. 포퓰리즘적 대중문화를 단순히 무시하는 것이나, 대중문화의 매력은 무엇이고 소비하는 동기가 (아무리 모순적이고 터무니없이 보이더라도) 무엇인지에 관한 정교한 이해가 부재한 상태에서 대중문화를 무조건 찬양하는 것 둘 다 도움이 되지 않을 것이다.

1980년대 초 내가 텔레비전 드라마 연속극 〈댈러스〉에 대한 경험적 연구를 수행한 이유는 이 드라마가 전 세계적으로 유례없는 인기를 누리고 놀라운 성공을 거둔 드라마였던 동시에, 엘리트 지식인들에 의해 상업적 쓰레기 또는 미국의 문화제국주의의 이데올로기적 도구로 비난받았던 드라마이기도 했기 때문이다. 나는 이와 같은 상반된 측면이 '막장 드라마'라고 불리는 한국 드라마의 인기를 둘러싼 현상과 맞닿아 있다는 생각이 들었다. 《〈댈러스〉 보기의 즐거움》은 텔레비전 드라마에 대한 완전한 설명을 제공할 수는 없지만, 드라마의 인기를 둘러싼 다면적이고 복잡한 측면을 설명함으로써 텔레비전과 대중문화에 대한 새로운 이해의 가능성을 제공해줄 수 있을 것이라고 믿는다.

한국 드라마와 관련된 논의에 있어서 한국판 《〈댈러스〉 보기의 즐거움》이 유용하게 활용되기를 진심으로 희망한다.

이엔 앙
2017년 10월

옮긴이 머리말

시청자는 드라마가 현실적이지 못하고 개연성이 떨어진다고 불평하면서도 왜 드라마를 시청하는가? 시청자들이 막장 드라마를 욕하면서도 이에 열광하는 이유는 무엇인가? 시청자들은 텔레비전 드라마를 저급한 대중문화로 치부하면서 왜 많은 시간을 드라마 소비에 할애하는가?

이러한 질문들에 대한 힌트는 이미 1980년대 초 네덜란드에서 출판된, 미디어 · 텔레비전 연구자 이엔 앙(Ien Ang)의 《〈댈러스〉 보기의 즐거움: 우리의 삶을 드라마처럼 상상하다》(Watching Dallas: Soap Opera and the Melodramatic Imagination)가 제공하고 있다. 미국의 대표적인 네트워크 방송사 CBS가 1978년부터 1991년까지 14시즌 동안 총 357회 방영한 〈댈러스〉는 텍사스의 석유 재벌가를 둘러싼 이야기를 다루고 있다. 한국을 포함한 수많은 나라에서 방영된 드라마 〈댈러스〉는 미국의 텔레비전이 미국의 가치와 문화를 다른 나라에 주입함으로써 각 문화의 고유한 문화와 정체성을 파괴한다고 주장하는 '문화제국주의'를 대표하는 전형적인 텍스트로 간주되었다.

어떤 학문 영역이든지 고전의 중요성은 아무리 강조해도 지나치지 않다. 최근에 출판된 해외의 주요 저서들이 신속하게 번역되고 있는 점은 환영할 만한 일이지만 학문의 중요한 연구 분야를 형성하는 데 기여한 고전들이 번역되지 않는 점은 아쉬운 일이 아닐 수 없다. 30여 년 전에 출판된 이엔 앙의 《〈댈러스〉 보기의 즐거움》은 네 개의 장으로 구성된 비교적 짧은 저서이지만 수많은 저서와 논문에 인용되어 왔고 미디어・신문방송학 역사에서 빠지지 않고 논의되는 고전이다. 대중문화에 대한 교과서로 유명한 존 스토리(John Storey)의 《문화이론과 대중문화》(*Cultural Theory and Popular Culture: A Reader*)는 《〈댈러스〉 보기의 즐거움》을 하나의 독립된 절로 구성해 심층적으로 논의할 정도이다. 《〈댈러스〉 보기의 즐거움》은 역사적으로 중요한 텍스트일 뿐 아니라 현 시대의 텔레비전 수용자를 연구함에 있어서도 여전히 유용한 개념을 정립했다는 점에서 중요한 저서임에 틀림없다.

보다 구체적으로 《〈댈러스〉 보기의 즐거움》이 가진 학술적 가치를 크게 네 가지로 정리할 수 있다. 첫째, 《〈댈러스〉 보기의 즐거움》은 시대와의 재현적 연관성, 실재성과 시・공간적 묘사 간의 정확성을 강조하는 고전적 의미의 리얼리즘과 구분되는, '감정적 리얼리즘'(*emotional realism*)이라는 개념을 만들었다. 이엔 앙에 따르면 시청자들은 드라마 텍스트를 총체적으로 이해하고 반응하지 않는다. 시청자들은 드라마를 보면서 다양한 정서적 체험을 하는데, 드라마 텍스트가 제공하는 다양한 요소 중 일부 요소에 반응, 공감하고 감정이입을 하면서 느끼는 정서적 일체감이 감정적 리얼리즘이다. 예를 들면 드라마 〈댈러스〉가 보여주는 상류층 인물들의 삶은 시청자 대다수의 삶과 다르다는 점에서 비현실적이지만, 인물들 간의 갈등과 대립, 복수, 행복, 사랑, 탐욕은 인간의 보편적인 감정과 경험으로 시청자들로 하여금 강한 현실감을 느끼게 할 수 있다. 감정적 리얼리즘은 재벌 2세와 평범한 여성의 로맨스를 다루는 많은 한국 드라마들이 상투적일 뿐 아니라 개연성이 떨어지고 비현실적임에도 불구하고 시청자들의 공감을 이끌어내는 이유를 설명해 줄 수 있다.

둘째, 미디어·신문방송학의 역사에 있어서 《〈댈러스〉 보기의 즐거움》은 텍스트 중심 연구에서 수용자 중심 연구로의 전환을 대표하는 저서이다. 미국 드라마의 전 지구적인 인기를 대표했던 드라마 〈댈러스〉는 문화제국주의를 대표하는 텍스트였다. 이엔 앙은 문화제국주의를 대표했던 텍스트에 대한 수용자 해독연구를 통해 1960~1970년대부터 이어진 문화제국주의에 대한 논의와 미디어의 강력한 효과를 상정하는 텍스트 중심의 논의에서, 수용자의 능동성과 텍스트 - 수용자 간 상호작용을 통한 의미 생산을 강조하는 수용자 중심의 논의로 학문적 흐름을 바꾸는 데 크게 기여했다. 미국 이외 지역에 있는 시청자들이 〈댈러스〉를 해독하는 방식을 비교분석한 리베스와 캣츠(Liebes & Katz)의 《의미의 수출: 〈댈러스〉의 문화 간 해독》(*The Export of Meaning: Cross-cultural Readings of Dallas*)(1990)도

수용자로의 전환을 이끈 또 하나의 중요한 저서인데 이보다 거의 10년 먼저 출판된 이엔 앙의 연구는 이 연구의 초석이 되었다고 해도 과언이 아닐 것이다.

셋째, 《〈댈러스〉 보기의 즐거움》은 '조롱적 시청'(*ironic viewing*)이라는 유용한 개념을 만들어냈다. 우리 사회에는 앙이 말하는 대중문화 이데올로기(*ideology of mass culture*), 즉 대중문화는 저급하다는 인식이 뿌리 깊게 박혀 있다. 텔레비전 시청에 대한 부정적인 인식이 만연한 사회에서 시청자들은 스스로 드라마보다 우월적인 존재로 정의하고 드라마에 대한 조롱하고 비꼬는 태도를 통해 자신의 드라마 시청을 정당화한다. 이러한 조롱적 시청은 시청자들로 하여금 드라마 시청에 대한 사회의 부정적 시선과 이로 인한 수치심을 극복할 수 있게 하는 동시에 드라마로부터 즐거움을 얻을 수 있도록 도와준다. 이엔 앙은 페미니스트들이 〈댈러스〉를 비판만 하는 것이 아니라 즐길 수 있는 이유를 바로 조롱적 시청에서 찾는다. 한국의 경우 막장 드라마에 대한 거센 비난에도 불구하고 승승장구할 수 있는 원인을 막장 드라마에 대한 시청자들의 우월감과 조롱적 시청으로 설명할 수 있을 것이다.

마지막으로 《〈댈러스〉 보기의 즐거움》은 질적 방법론을 효과적으로 활용한 미디어 수용자 연구의 대표적인 사례로서 후속 연구에 막대한 영향력을 미쳤다. 책이 출판되었을 당시 미디어·신문방송 학계에서는 사회심리학적 접근에 근거한 계량적, 효과 연구가 주류를 이루고 있었는데, 이 저서는 수용자가 사회문화적 맥락 속에서 텍스트의 의미를 해독하는 방식은 어떠한지, 텍스트를 통해 즐거움을 얻는 이유는 무엇인지 심층적으로 분석한 초기 연구라는 점에서 의미가 있다. 시청자 반응의 표면적 의미가 아니라, 다층적이며 일관적이지 않고 상호 모순적이기도 한 수용자 반응이 과연 무엇을 의미하는 것인지 연구자의 통찰력으로 분석한 훌륭한 사례이다. 또한 이 저서는 42통의 편지에 대한 분석으로 정서적 리얼리즘, 조롱적 시청과 같은 중요한 개념을 도출했다는 점에서 방법론적으로 매우 창의적이라는 평가를 받고 있다. 따라서 《〈댈러스〉 보기의 즐거움》은 미디어 수용자 해독 연구를 수행하는 연구자, 학생들의 필독서가 되어야 한다고 해도 과언이 아니다. 저자가 어떤 근거로 어떤 주장을 끌어내었는지 주목해 이 책을 읽는다면 질적 데이터 분석을 공부함에 있어서 많은 도움을 받을 것이라 생각한다.

《〈댈러스〉 보기의 즐거움》은 30여 년 전에 출판되었지만 지금도 여전히 유효한 통찰력을 제공한다는 점에서 시청자들의 드라마에 관심 있는 학자, 대학(원)생들은 물론 방송 종사자 그리고 일반 독자들에게 중요한 시사점을 줄 것이라 믿는다. 저자가 드라마에 대한 상세한 설명을 제공하기 때문에 이 드라마를 시청한 경험이 없는 독자들도 이 책의 주요 논점을 이해하는 데 전혀 어려움이 없을 것이다.

1954년 인도네시아 자바에서 출생한 이엔 앙은 군사혁명으로 인해 1966년 네덜란드로 이주했다. 암스테르담대학에서 학사, 석사 및 박사학위를 취득한 저자는 현재 호주의 웨스턴시드니대학에 위치한 문화사회연구소(Institute for Culture and Society)의 문화연구 특훈교수로 재직 중이다.

1982년 네덜란드에서 출판된 《〈댈러스〉 보기의 즐거움》은 1985

년 영어로 번역되어 미디어·신문방송학 연구에 막대한 영향을 미쳤고 이엔 앙은 순식간에 세계적 학자의 위상을 차지하게 되었다. 이 저서가 그녀가 20대에 완성한 석사 논문이라는 점을 고려하면 매우 놀라운 사실이다. 이엔 앙은 지금까지 수용자 연구에 천착해 왔는데, 《〈댈러스〉 보기의 즐거움》과 더불어 *Desperately Seeking the Audience*(1991), *Living Room Wars: Rethinking Media Audiences for a Postmodern World*(1996) 은 이엔 앙의 수용자 연구의 3부작을 이룬다. 이 중 *Desperately Seeking the Audience*는 《방송 수용자의 이해》(김용호 역, 한나래) 라는 제목으로 1998년에 번역·출판이 되었지만 나머지 두 저서는 번역되지 않았다.

이엔 앙은 이주, 디아스포라, 민족 정체성 문제로 연구 분야를 확장했는데, 인도네시아에서 태어나 네덜란드로 이주한 중국계 네덜란드인이라는 점, 미국, 스웨덴, 싱가포르, 홍콩 등에 위치한 다양한 대학에서 연구와 교육활동을 진행해 온 이력을 고려하면 놀라운 사실이 아니다. 2001년에 출판된 *On Not Speaking Chinese: Living Between Asia and the West*, 2016년에 출판된 *Cultural Diplomacy: Beyond the National Interest?*는 글로벌 시대의 문화적 시민권에 대한 연구의 대표적 저서이다.

한국의 학계에서 이엔 앙은 미디어·신문방송학뿐 아니라 인문학 영역에서도 인정받는 학자이다. 한국과의 교류도 활발한데 2011년에는 한양대 비교역사문화연구소가 주관하는 HK 트랜스내셔널 인문학 프로젝트의 일환으로 한국을 방문해 강연과 세미나를 열기도 했다.

2000년대 중반 이엔 앙 교수님이 내가 박사과정 재학 중이었던 펜실베이니아대학 애넌버그스쿨에 한 학기 동안 방문 교수로 오시게 되어 리얼리티 텔레비전 시청자에 관한 내 학위 논문에 대해 조언을 받았던 기억이 떠오른다. 이번 번역을 계기로 이엔 앙 교수님과 다시 연락하고 인연을 이어갈 수 있어 기쁘게 생각한다. 많은 나라에서 번역이 되었지만 한국에서는 번역되지 않은 이 저서가 한국어로 번역된다는 사실에 이엔 앙 교수님은 진심으로 기뻐하셨다.

이 책은 영문판을 바탕으로 번역되었다. 나의 첫 번역이고 개인적으로도 의미 있는 작업이라 정교한 번역을 위해 노력했고 일반인들도 읽을 수 있도록 다소 난해한 부분은 쉽게 풀어쓰고자 했다. 해석이 까다로운 부분에 대해서는 해외 생활을 오래 한 석사과정 제자 이지현의 도움을 받았다. 《〈댈러스〉 보기의 즐거움》의 번역을 지원해주신 방송문화진흥회와 장현우 차장님께 감사드리며, 출판을 맡아주신 도서출판 나남의 조상호 회장님과 방순영 이사님, 편집부, 그리고 번역 경험이 없는 나에게 다방면으로 도움을 준 김영사의 최정은 선배, 대학 동기 서주현에게도 감사의 말을 전한다. 끝으로 번역이라는 외로운 과정에서 늘 응원과 격려를 아끼지 않은 아내 유재영과 아들 박서현에게 고맙다는 말을 전한다.

고려대 미디어관에서

박 지 훈

머리말

1982년 네덜란드에서 먼저 출판된 이 책을 집필할 당시 나는 여러 가지 구상을 했다. 무엇보다도 당시 네덜란드 언론매체에서 진행되고 있었던 〈댈러스〉에 대한 열띤 논쟁에 개입하고 싶었다. 미국으로부터 수입되어 광범위한 인기를 누릴 뿐 아니라 상당한 논란거리가 된 이 텔레비전 연속극에 대한 논쟁은, 의도했든 아니든, 이 드라마가 가지는 문화적 특수성에 관한 무지를 드러냈다고 생각했다. 나는 〈댈러스〉를 둘러싼 현상에 대해 진지한 성찰을 독려하고 싶었고, 이를 위해 영국의 미디어·문화연구라는 이론적 관점에 기반을 둔 텔레비전 및 텔레비전 연속극에 대한 분석을 네덜란드의 독자에게 소개하는 것이 유용하다고 판단했다. 당시 네덜란드의 지식인 공동체는 이러한 이론에 대해 잘 알지 못하고 있었는데 그런 측면에서 이 책은 다소 '교육적' 성격을 지닌다.

  나는 〈댈러스〉를 진지하게 분석할 수 있는 틀을 제공하는 것과 별개로 〈댈러스〉와 같은 연속극의 사회적, 문화적, 정치적인 역할에 대해 보다 많은 문제의식을 가지고 이해해주길 바랐다. 특히, 이 드라마의 엄청난 인기를 고려해서라도 〈댈러스〉가 중요한 이슈라고 인정하는 사람들이 관심 가질 만한 주제들을 다루기로 했다. 즐거움과 그 다양한 양상에 관한 문제들, 즐거움과 이데올로기, 문화 정치와의 관계들이 그것이다.

원문은 네덜란드라는 국가적 맥락에서 쓰였기 때문에 이 영문판 출간을 위해 원문의 상당 부분을 다시 집필했다. 하지만 〈댈러스〉는 전 세계적으로 중요한 이슈이고 네덜란드의 경험이 전적으로 특수한 경험은 아니었다고 생각한다.

영문판 번역을 가능하게 해준 사람들 중 특별히 폴 윌먼, 제시카 피커드에게 고마움을 표시하고 싶다. 그리고 이 저술을 진행함에 있어서 많은 이들이 여러 방면으로 도움을 주었다. 미커 에어츠, 티지스크 애커만, 제인 암스트롱, 윌리엄 보디, 크리스틴 글래드힐, 딕 헵디지, 존 마이어, 만토인 버비지, 그리고 마지막으로 〈댈러스〉를 보는 즐거움(또는 불쾌감)에 대해 편지를 써 보내준 여성잡지 〈비바〉(Viva)의 친절한 독자들에게 감사하다는 말을 전한다. 모두에게 감사한다.

1985년 5월 암스테르담에서

이엔 앙

18

방송문화진흥총서 178

댈러스 보기의 즐거움

우리의 삶을 드라마처럼 상상하다

차 례

서론

20

서론

〈댈러스〉의 등장

1980년대 초반 많은 연구와 논평을 양산하고 기자, 비평가, 심지어 정치인들의 경고를 받은 새롭고 경이로운 현상이 있다. 그것은 전 세계 시청자의 이목을 집중시킨 드라마 연속극 〈댈러스〉다.● 이 미국 드라마에서 펼쳐지는 텍사스 석유 재벌가의 이야기는 그야말로

● 옮긴이 주: 원문의 '시리얼'(*serial*)이라는 단어를 시리즈가 아닌 연속극으로 번역했다. 한국에서는 통상적으로 드라마 연속극을 드라마 시리즈라고 부르지만 미국에서는 시리즈(*series*)와 시리얼(*serial*)을 구분한다. 시리얼은 하나의 이야기를 다양한 에피소드로 나눈 연속극이고, 시리즈는 매 에피소드 간 연관성을 갖지만 각 에피소드마다 기승전결의 완결성을 가지는 연속극이다. 예를 들어 한국에서 방영되는 대부분의 드라마 연속극은 시리즈가 아닌 시리얼이다. 에피소드마다 따로 제목이 주어지고 완결된 이야기 구조를 가진 tvN의 〈응답하라 1988〉은 시리즈에 해당한다.

전례 없는 인기를 누리며 특별한 위상을 차지했다. 〈댈러스〉의 인기는 그야말로 전 세계적인 현상이었다. 터키, 호주, 홍콩, 영국에 이르는 90여 개 국가의 시청자들은 〈댈러스〉에 열광적인 반응을 보였다. 〈댈러스〉가 방영된 시간에는 거리가 한산하고 수도 사용량이 현격히 줄었다는 이야기가 돌 정도였다. 네덜란드의 경우 〈댈러스〉의 인기가 가장 높았던 1982년 봄, 전 인구의 반 이상이 〈댈러스〉를 시청했다. 국내 제작 프로그램이든 해외에서 수입된 프로그램이든 네덜란드 역사상 〈댈러스〉만큼 높은 시청률을 기록한 드라마는 없었다.

상상하기 어려운 인기로 인해 〈댈러스〉는 현대의 신화적 위상을 차지하게 되었다. 이 연속극은 새로운 텔레비전 시대의 상징이 된 것이다. 특히, 드라마의 배경이 되는 미국에서는 〈댈러스〉 성공에 관한 격양된 글들이 쏟아져 나왔다. 〈타임〉(Time)은 커버스토리를 통해 '이 드라마의 세련된 미학은 상업 드라마 연속극에 품격을 한층 더 해주었다'[1]며 흡족함을 표시하기도 했다. 〈댈러스〉의 고향인 미국은 드라마의 성공에 자부심을 느꼈지만 미국을 제외한 다른 나라들은 사뭇 다른 관심사를 보였다. 물론 서유럽의 언론은 〈댈러스〉의 성공 스토리에 대해 경탄하면서 이 드라마의 신화적 위상을 만드는 데 기여를 하긴 했다. 하지만 좀더 진지한 집단의 경우는 〈댈러스〉의 성공과 인기에 대한 우려를 지속적으로 표명했다. 이는 자국의 대중문화에 점점 더 많은 영향력을 행사하는 미국 자본주의에 대한 우려였다. 〈댈러스〉는 자국의 고유한 문화와 정체성을 위협하는 미국 스타일의 상업 문화를 대표하는 또 하나의 사례로 간주된 것이다. 예를 들어 프랑스의 문화부 장관 자크 랑(Jack Lang)은 1983년 2월 에토레 스콜라(Ettore Scola: 이탈리아 영화감독)와 수전 손택(Susan Sontag: 미국의 예술평론가) 등의 지식인들과 예술인들이 초대된 파리의 한 콘퍼런스에서 〈댈러스〉는 '미국 문화제국주의의 상징'이라고까지 선언할 정도였다.

물론 여기서 논의되는 문제는 충분히 현실적인 문제다. 케이블 방송이나 위성 방송과 같은 소위 '뉴 테크놀로지'의 발전으로 인해 매스 커뮤니케이션 산업의 구조와 관련 조직은 급격한 변동을 맞이하고 있다. 이에 따라 중앙 정부나 미디어 관련 조직들은 이러한 변화가 가져오는 사회적, 정치적, 문화적인 결과들에 대해 점검하고 각 층위에 맞는 정책방안을 마련해야 한다는 압력을 받고 있다. 여기에는 국가가 어떤 조치도 취하지 않는다면 자국 문화에 대한 미국 문화산업의 지배력이 지속적으로 확장될 것이라는 가정이 담겨 있다. 이러한 맥락에서 〈댈러스〉의 세계적인 열풍은 경각심을 일깨우는 두려운 존재다. 미셸 마텔라르(Michèle Mattelart: 미디어 학자)는 '〈댈러스〉는 전 세계 도처에서 각 문화의 미래에 어두운 그림자를 드리우고 있다. 이 연속극은 우리가 피하려고 애쓰는 문화의 황폐함을 대표하는 혐오의 상징이 되었다'[2]고 말했다.

하지만 미국 문화에 의해 한 국가의 '문화적 정체성'이 위협받는다는 생각은 우리가 논의하고 있는 현상과 문제를 명확히 설명하기보다는 오히려 본질적인 문제를 간과하게 만들 수 있다. 마텔라르와 동료들은 자국 문화 보호라는 이름으로 여러 가지 정책을 도입한다고 해도 문화적 정체성 유지를 위한 실질적인 대안은 될 수 없다고 지적한다.[3] 예를 들어 수입 영화의 비중을 규정한 스크린 쿼터제와 같은 정책적인 조치들은 문화적 정체성이 변화 없이 고정되어 있고 오로지 특정 지역에 근거한 것으로 전제함으로써 잘못된 형태의 보호주의를 야기할 가능성이 있다. 영국 텔레비전의 경우 해외 프로그램 방영을 전체 편성의 14%까지로 제한하고 있는데 이러한 보호 조치들은 자국 방송사들의 경쟁력을 향상시키기보다는 오히려 현지 제작자들이 미국 대중문화의 성공 공식을 맹목적으로 모방하는 결과를 가져올 수 있다. 결국 〈댈러스〉와 유사한 형태로 제작된 네덜란드, 프랑스 드라마들은 재정적인 면에서나 조직적인 면에서 우월한 조건에서 제작된 미국 드라마보다 품질이 좋을 리 만무하다. 〈댈러스〉의 경우 한 에피소드당 70만 달러 정도의 제작비가 투입되는데, 네덜란드같이 작은 나라의 텔레비전 산업에서는 결코 감당할 수 없는 규모이기 때문이다.

게다가 미국의 문화제국주의에 대한 관심만 고집하게 되면 이미 1950년대부터 미국 대중문화의 광범위한 소비가 유럽, 특히 서유럽의 국가 정체성에 직간접적으로 영향을 미쳐왔다는 사실을 망각하게 된다. 따라서 〈댈러스〉와 같은 프로그램이 인기 있는 이유를 전혀 이해하지 못하고 '침묵하는 다수(시청자)'의 기분 탓으로만 이해하게 될 것이다. 결과적으로 수많은 텔레비전 시청자들이 〈댈러스〉를 즐겨보는 원인을 이해하기 어렵게 된다. 한편 문화제국주의 관점에서의 논의는, 전 세계 사람들이 '당황스러울 정도로 미국의 미디어 생산물을 잘 받아들인다'[4]는 한탄 섞인 안타까움 수준을 넘지 못하는 것 같다. 그런데 이런 '당황스러움'은 현실 세계가 아닌, 정책 입안자들이나 '국가의 문화'를 수호하고자 하는 사람들의 상아탑 속에서만 존재하는 것인지도 모른다. 정작 〈댈러스〉를 시청하는 수백만 가구의 거실에서 중요한 이슈는 문화적 정체성이 아니라 즐거움이다. 우리가 반드시 인정해야 할 한 가지가 있다. 〈댈러스〉가 인기를 누리는 이유는 어쨌거나 수많은 사람들이 즐겨보기 때문이다.

한편 〈댈러스〉의 대단한 인기에 매몰되어 그 반대의 실수를 해서도 안 된다. 〈댈러스〉에 대해 이래저래 호들갑 떨다 보면 〈댈러스〉를 둘러싼 현상을 뭔가 신비하고 특수한 것으로 간주해버리기 쉽다. 본질주의적인 입장에서 〈댈러스〉를 설명하고자 하는 유혹도 많은데 이러한 설명은 너무 추상적이거나 구체적인 경우가 많다. 예를 들어 〈댈러스〉의 선풍적 인기는 등장인물 중 한 명인 악당 제이알 유잉(J. R. Ewing)의 특수한 매력 때문이라는 설명이 종종 인용된다. 또는 미국의 텔레비전 비평가 호러스 뉴컴(Horace Newcomb)처럼 내러티브의 본질적인 토대는 그 시대의 정신을 반영한다는 설명을 내놓기도 한다. 뉴컴에 따르면 〈댈러스〉는 미개척 시대의 오래된 가치들을 쭉 뻗은 고속도로들과 눈부신 고층건물로 표상되는 미국 서부의 신세계에 이식하는 데 성공했다. 뉴컴은 다음과 같이 말한다. "아마 우리가 모르는 사이에 〈댈러스〉 제작자들은 수용자의 정맥에 영양분을 주입하고 있다. 제작자들의 타이밍은 적절했다. 한 국가로서 미국은 나이가 들고 있고 이에 따른 문제가 발생하고 있다. 지금은 산업이 쇠퇴하고 휴지기를 겪거나 여러 제약을 경험하고 있는 심각한 문제에 봉착한 시기이다. 화려했던 동부와 중서부의 옛 도시들은 재정적 실패로 인해 차가운 겨울을 맞이하고 있다. 따라서 선벨트(미국에서 연중 날씨가 따뜻한 남부 및 남서부 지역) 지역이 번창하고 〈댈러스〉가 높은 시청률을 기록하는 것은 그리 놀라운 사실이 아니다". 5

이와 같은 설명은 〈댈러스〉에 대한 그럭저럭 괜찮은 분석이지만 이런 추측성 설명은 너무 '미국 중심적'이라 우리가 논의하고자 하는 이 드라마 연속극의 전 세계적인 성공에 대해서는 전혀 설명하지 못한다. 어떤 경우에도 〈댈러스〉의 소구력을 하나의 숨겨진 메시지나 의미로 설명하는 것은 위험하다. 왜냐하면 미국사람들이 그 숨겨진 '메시지'에 반응하는 것과 같이 (미국사람들이 모두 똑같이 반응한다는 전제를 하더라도) 모로코인들, 이탈리아인들, 영국인들도 그 메시지에 똑같이 반응하지는 않을 것이기 때문이다. 예를 들어 다른 나라에서는 석유 산업이 미국에서만큼 신화적 중요성을 가지지 않는다. 게다가 한 문화상품의 인기는 사회, 문화와 단절된 상태에서 성취할 수 있는 것이 아니며 그것이 소비되는 맥락과 긴밀히 연결되어 있다. 사람들은 미국의 텔레비전 프로그램 ─ 완성도, 스타일, 진행 속도, 언어 관습 ─ 에 너무나 익숙하고 기대치가 있으므로 새로운 미국 드라마도 유리한 점을 가진다는 점을 기억해야 한다. 하지만 미국 대중문화의 평균적인 인기를 인정하더라도 〈댈러스〉가 마이클 잭슨(미국의 인기 가수)이나 *E. T.* (스티븐 스필버그 감독의 1982년 영화)처럼 평균적인 인기를 훨씬 뛰어넘는 특별한 매력을 발휘했다는 사실은 쉽게 설명하기 어렵다. 〈댈러스〉는 이런저런 특별한 방식을 통해 대중의 상상력에 소구하는 것으로 보인다.

유행하는 패션처럼 〈댈러스〉의 인기도 다소 수그러들고 있긴 하다. 스튜어트 홀(Stuart Hall: 영국의 문화연구자)은 영국에서 〈댈러스〉의 인기가 높아졌다가 하락하는 방식을 기술했다. "한때 〈댈러스〉는 시청자 숫자로만 설명할 수 없는 특별한 인기를 누렸다. 이드라마는 문화 전체에 반향을 일으켰고 드라마에 몰두하는 시청자들의 모습은 평소와 큰 차이를 보였다. 때로는 〈댈러스〉의 인기에 대해 쉴 새 없이 이야기를 했고 드라마로부터 여러 가지 범주를 도출해 자신들의 경험들을 설명하고자 했다. 이와 같이 인기와 관련된 부수적 현상은 지금 완전히 사라져 버렸다. 여전히 많은 사람들이 〈댈러스〉를 시청하지만 집단적인 문화의식 속에서는 그리 왕성하지 못하다".6 요즈음 〈댈러스〉는 인기 텔레비전 프로그램 중 하나일 뿐이다. 시청률로 따지자면, 〈댈러스〉를 모방한 드라마 중 하나인 〈다이너스티〉(Dynasty: 미국 드라마 연속극)가 여러 나라에서 〈댈러스〉를 앞섰다.

요약하자면, 인기라는 것은 상당히 복잡한 현상이다. 〈댈러스〉가 왜 그토록 인기 있는지 (또는 있었는지) 대답하는 것은 마이클 잭슨이나 E. T. 가 왜 그토록 엄청난 인기를 누렸는지 대답하는 것만큼 어려운 것이다. 역사적인 요인과 같은 상당히 다양한 요인들이 개입했을 것이므로 탈근대적인 미디어 문화라는 사회적 맥락을 고려하지 않고 〈댈러스〉의 성공에 대해서 논하는 것은 별 의미가 없다. 따라서 이 책은 보다 겸손한 목표를 설정했다. 〈댈러스〉가 대단한 인기를 누리는 이유에 관한 확실한 대답을 찾기보다 하나의 현상에만 집중하고자 한다. 인기라고 하는 매우 복잡한 현상의 한 측면, 즉 **즐거움**이다.

하지만 즐거움에 대해 논의하기에 앞서 〈댈러스〉가 시청자들에게 제공하는 이야기가 무엇인지 기술할 필요가 있다. 시청자들이 이 프로그램을 수용하고 소비하는 방식이 본 연구의 초점이기 때문에 프로그램 제작의 맥락에 대해서는 논의하지 않고 〈댈러스〉의 줄거리에 대한 짧고 간략한 요약만 제시하겠다. 프로그램에 대한 보다 체계적인 분석은 다음 장에서 시작하고자 한다.

〈댈러스〉, 끝나지 않는 텔레비전 연속극

〈댈러스〉는 원칙적으로 이야기가 끝없이 이어지는 텔레비전 드라마 연속극이다. 이야기는 텍사스주 댈러스에서 몇 마일 떨어진 사우스포크(Southfork)라는 호화로운 목장 저택에 살고 있는 유잉(Ewing)이라는 부호 가문을 중심으로 펼쳐진다.

이야기가 시작할 때는 총 7명의 구성원이 이 저택에 살고 있다. 자크(Jock)와 엘리(Ellie) 유잉, '제이 알'(J. R.)로 더 잘 알려진 이들의 첫째 아들 존 로스(John Ross)와 그의 아내 수 엘런(Sue Ellen), 막내아들 보비(Bobby)와 그의 아내 패멀라(Pamela), 그리고 부모의 말을 잘 듣지 않는 둘째 아들 게리(Gary)의 딸 루시(Lucy)이다.

드라마 속 사건들은 항상 이 가족 구성원들의 행복과 불행을 둘러싸고 복잡하게 펼쳐진다. 가장 중심적인 역할을 하는 사람은 제이 알이다. 제이 알은 가족 기업인 유잉 정유(Ewing Oil)를 악독한 방식으로 운영하고 그의 아내를 무시하며 부모에게도 필요할 때만 공손히 대한다. 하지만 다른 인물들도 똑같이 중요한 역할을 하기 때문에 제이 알이 이 드라마의 주인공이라고 말하긴 어렵다. 가족의 가장인 자크는 40여 년 전 큰돈을 벌기 위해 친구 디거 반스(Digger Barnes)와 함께 텍사스의 유전에 왔다. 어느 정도 성과를 이룬 자크는 디거를 저버리고 유잉 정유를 설립했고 영향력 있는 기업으로 발전시켰다. 게다가 자크는 사우스포크 저택 주인의 딸이자 디거의 연인인 엘리 사우스워스를 빼앗았다. 엘리(옮긴이 주: 극중에서는 '미스엘리'로 불린다)는 자크와 결혼을 했지만 디거에 대한 마음을 간직한다. 그 사이 디거는 리베카(Rebecca)라는 여성과 결혼하고 아들 클리프 반스(Cliff Barnes)와 딸 패멀라 반스를 얻는다.

운명(또는 플롯)은 패멀라가 자크와 엘리의 막내아들인 보비 유잉과 결혼하게 만든다. 따라서 패멀라는 난처한 상황에 놓이게 된다. 패멀라는 반즈 가문 사람이고 부모를 사랑하지만 원수인 유잉 가(家)의 아들과 결혼했기 때문이다. 특히, 오빠 클리프는 유잉 정유를 몰락시키고 아버지를 위해 복수할 결심을 했기 때문에 패멀라는 견디기 어려웠다. 클리프 반스와 제이 알 유잉은 서로에게 최대의 적이다. 클리프는 변호사이자 정치인으로서 제이 알에 대항하지만 제이 알이 늘 한 수 위인 탓에 싸움에서 이기지 못한다. 한편 클리프는 제이 알의 아내인 수 엘런과 불륜 관계를 가지기 시작한다. 수 엘런은 늘 제이 알과 언제나 싸울 기세지만 클리프에게는 금세 싫증을 느낀다. 그녀는 항상 위기감을 가지고 살아가고 정신과 의사를 찾아간다. 때로는 술에 빠지게 되고 제이 알을 떠나고 싶어 하지만 그 방법을 알지 못한다.

패멀라와 보비의 관계는 좋다. 그런데 패멀라가 몇 차례 유산을 했고 아이를 갖지 못한다는 사실이 이들의 행복한 결혼 생활에 어두 움을 드리우게 되었다. 다행히 패멀라는 패션숍에서 일하게 되면서 걱정거리를 잊고 집중할 것을 찾게 된다. 한편 스무 살 정도의 루시 는 스스로의 삶을 살아간다. 때때로 아버지인 게리가 아내 벌린 (Valene)과 함께 사우스포크 목장에 들르기도 한다. 게리는 미스 엘 리가 가장 아끼는 아들이다. 과거에 게리가 목장을 떠난 이유는 아 버지와 제이 알의 석유 사업과 관계를 맺고 싶지 않았기 때문이다 (여기서 보비는 중간적 입장을 취한다. 목장의 카우보이로 사는 삶을 좋아 하지만 도시에서 근대적인 사업을 하는 삶에도 매력을 느낀다). 미스 엘 리 역시 석유 사업에 대해 회의를 느끼는데 그 이유는 석유 사업이 목장 주변 미개간지에 쓰레기를 만들고 안타깝게도 가족을 분열시 킨다고 생각하기 때문이다. 목장은 카우보이인 레이 크랩스(Ray Krebbs)가 운영하는데 놀랍게도 자크의 사생아임이 밝혀지게 된다.

여기서 기술된 바와 같이 인물 간의 상호 관계는 매우 복잡하다. 에피소드마다 주변 인물들이 새로 등장하고 퇴장하기를 거듭하기 때문에 그 복잡성이 더해진다. 예를 들어 수 엘런의 여동생 크리스 틴(Kristin)은 형부인 제이 알과 불륜을 맺는데 제이 알이 그녀를 버 리려고 하자 총을 쏴 그를 죽이려고 한다. 제이 알의 꼭두각시인 앨 런 빔(Alan Beam)은 클리프 반스를 없애라는 임무를 받는데 유리한 결혼으로 부자가 되기 위해 루시에게 접근한다(성공하지는 못한다). 정직한 여성 사업가이자 정치인인 도나 컬버(Donna Culver)는 클리프 반스와 관계를 맺지만 길게 이어지지 못하고 레이 크랩스와 결혼한다. 부유한 카우보이 더스티 팔로(Dusty Farlow)는 수 엘런과 사랑에 빠지고 그녀를 제이 알의 손아귀에서 빼내려고 하는데 결정적인 순간에 비행 사고를 겪고 불구가 된다. 한편 가난한 의대생 미치 쿠퍼(Mitch Cooper)는 루시와 사랑에 빠져 결혼에 이른다.

여기까지가 〈댈러스〉의 두 번째 시즌 중간 정도까지 진행된 내용을 요약한 것이다(내가 이 연구를 시작했을 무렵이다). 그 이후로 인물 관계와 세부 사항이 계속 바뀐다. 옛 친구인 디거가 사망하고 얼마 안 되어 자크도 사망한다. 수 엘런은 제이 알과 이혼하지만 그와 곧 재혼한다. 패멀라와 보비의 결혼은 위기를 겪는다. 패멀라는 어머니 리베카를 다시 찾는데 리베카는 웬트워스 산업(Wentworth Indus-tries)의 수장이고 매우 부유하게 살고 있다. 클리프 반스는 이 점을 제이 알에 대항할 새로운 무기로 사용한다. 이야기는 이런 식으로 끝없이 이어진다.

〈댈러스〉의 매 에피소드의 기본적인 구조는 항상 동일하다. 20~30개의 짧은 장면에서는 각각의 인물을 둘러싼 복잡한 상황이 나열된다. 각 에피소드는 주된 이야기와 여러 개의 부수적인 이야기들로 구분되어 있다. 예를 들어 미스 엘리가 가슴에서 종양을 발견하는 것은 주된 이야기이다. 다양한 신(scene)에서 우리는 그녀의 반응을 볼 수 있다. 그녀가 눈물을 흘리는 모습, 의사를 만나는 모습, 검사 결과를 기다리는 모습, 자크에게 어떻게 이야기할지 고민하는 모습 등이 그것이다. 이런 장면들 사이사이에 다른 인물들에게 벌어지고 있는 사건이 그려진다. 예를 들어 더스티와 수 엘런이 서로 잘 지내고 있는지, 최근에 제이 알이 어떤 술수를 부리고 있는지, 수 엘런의 갓난아기를 돌보면서 패멀라가 어떻게 '모성 본능'을 채우게 되는지 등등. 이런 일들이 벌어지는 공간은 제한적이다. 대부분의 장면은 사우스포크 목장의 여러 방, 댈러스 시내(유잉 오피스, 클리프 반스의 아파트, 여러 레스토랑 등) 같은 익숙한 공간에서 펼쳐진다. 거의 모든 장면은 대화로 구성된다. 인물들이 무슨 일을 하는지 알 수 있는 것은 대부분 인물 간의 대화를 통해서다. 대화 안에서 문제와 상호 갈등이 표현되는데 이런 갈등은 대부분 심리적인 속성을 지닌다. 물리적인 폭력이나 심지어 가벼운 종류의 행동은 〈댈러스〉에서는 미비한 역할을 한다. 이러한 양상은 에피소드를 거듭할수록 계속되는데, 하나의 문제가 해결되면 또 다른 문제가 발생한다.

관심 없는 독자들에게는 이렇게 끝없이 계속 이어지는 이야기가 터무니없고 심하게 과장된 것처럼 들릴지 모르지만 드라마 안에서는 매우 진지하게 다루어진다. 모든 테마와 사건들은 유머적 장치 없이 각색되어 있다.

〈댈러스〉의 영상 스타일에 관해서는 특이한 점이 없다. 특별히 독특한 카메라 움직임은 없고 조명도 일반적이다. 황금 시간대에 방송되는 텔레비전 프로그램의 제작 규칙에 따른 평범한 관행에서 크게 벗어나지 않는다. 요약하면 〈댈러스〉는 모든 면에 있어서 전문적으로 제작된 주류 할리우드 텔레비전의 전형적인 예라고 볼 수 있다.

〈댈러스〉 보기, 즐거움과 이데올로기

사람들은 왜 〈댈러스〉를 시청하는가? 당연한 이야기이지만 재미있다고 생각하기 때문이다. 억지로 텔레비전을 보는 사람은 없다. 드라마에 대한 홍보가 아무리 효과적이라고 해도 드라마가 재미없다면 기껏해야 한 번 보고 말 것이다. 그렇다면 텔레비전을 보는 기쁨과 즐거움을 결정하는 요인은 무엇일까?

일반적으로 사회학자들은 사람들의 욕구와 기대에 대한 충족이 미디어 이용을 결정한다고 가정한다. 하지만 시청자 개개인의 사회·심리적 구조에 대한 접근에서는 즐거움을 기능적인 개념으로만 가정하고 있다. 즉, 이미 존재하는 어떤 욕구가 충족될 때 만족감과 즐거움을 경험한다는 것이다. 그런데 이 개념에서 전혀 고려되지 않는 것은 **즐거움을 불러일으키는 기제들**이다. 시청자들의 즐거움을 조직하는 〈댈러스〉의 특성들은 무엇인가? 이 질문이 의미하는 바는, 즐거움이란 '욕구의 충족'으로 발생하는 자동적인 결과라기보다는 문화 생산물이 만들어 내는 효과라는 점이다. 〈댈러스〉는 오락을 제공하는 것은 분명한데, 〈댈러스〉에 관한 어떤 속성 때문에 사람들이 가장 좋아하는 오락물이 되었는가? 그리고 〈댈러스〉의 오락적 가치는 정확히 무엇으로 구성되어 있는가? 요약하면 시청자들의 즐거움을 불러일으키기 위한 〈댈러스〉의 재현방식은 무엇인가?

이러한 질문들에 대답하기 위해서는 시청자들의 사회, 경제, 심리적 특성을 연구하는 것이 아니라 〈댈러스〉의 시청 과정을 분석해야 한다. 주로 시청자와 프로그램이 만나는 과정에서 즐거움이 발생하기 때문이다.

사람들의 〈댈러스〉 시청 경험에 관한 정보를 얻기 위해 나는 네덜란드 여성잡지 〈비바〉(*Viva*)에 다음과 같은 작은 광고를 실었다.

저는 텔레비전 드라마 연속극 〈댈러스〉를 시청하는 것을 좋아합니다. 그런데 이에 대해 주위로부터 종종 이상하다는 반응들을 받습니다. 여러분이 〈댈러스〉를 보는 것을 왜 좋아하는지, 왜 싫어하는지 그 이유를 편지로 저에게 알려주실 수 있나요? 여러분들의 반응을 정리해서 제 대학원 논문에 담으려고 합니다. … 로 보내주시기 부탁드립니다.

나는 이 잡지 광고를 통해 42통의 답신을 받았는데 몇 줄만 쓴 것부터 열 장 정도가 되는 편지에 이르기까지 다양했다. 한 통의 편지는 두 소년과 두 소녀가 함께 쓴 것이고, 두 통의 편지는 두 소녀가 함께 쓴 것이다. 한 통의 편지만 익명으로 쓰였고 나머지 편지는 쓴 사람의 이름이 적혀져 있었는데 대부분 주소까지 기입이 되어 있었다. 이름으로 유추해보면 소년이나 성인 남자가 쓴 편지는 세 통뿐이었다. 나머지는 전부 소녀 또는 성인 여성이 쓴 것이다.

이 편지들은 〈댈러스〉를 시청한다는 것이 무엇을 의미하는지 논의할 다음 장들의 실증적인 자료가 되었다. 물론 이 편지들이 시청자들이 〈댈러스〉를 수용하는 방식을 대표한다고 간주할 수 없다. 또한 이 편지들이 특정한 사회 범주의 사람들이(예를 들어 여성) 〈댈러스〉에 대해 생각하는 방식을 대변한다고 가정할 수도 없다. 이 연구는 이 프로그램이 수용되는 다양한 방식들에 대한 계량적이고 인

구통계학적인 분포에 관심을 두지 않는다. 여기서 중요한 질문은 이 편지를 쓴 사람들이 〈댈러스〉를 경험하는 방식이다. 이들이 즐거움 또는 불쾌감을 느낀다고 할 때 그 의미는 무엇인지, 이러한 감정들이 〈댈러스〉가 시청자들에게 전달되는 방식과 어떤 관련을 맺는지 등에 관한 것이다.

한편 이 편지들이 시청자가 〈댈러스〉를 좋아하거나 싫어하는 이유를 직접적이고 정확하게 반영하고 있다고 간주하는 것 또한 옳지 않다. 자신의 경험, 선호하는 것, 버릇 등에 대한 말이나 글을 액면 그대로 다 받아들일 수는 없다. 이러한 것들은 일상 속에서 이성적 사고를 요하지 않기 때문이다. 사람들은 좋고 싫음에 대해 특별히 신경 쓰지 않는다. 너무나 상식적이고, 명백한 것이어서 굳이 긴 설명을 할 필요가 없기 때문이다. 따라서 시청자들이 보낸 편지의 의미는 쓰인 그대로 받아들이는 것이 아니라 '징후적으로'(symptomatically) 읽어야 한다. 우리는 뚜렷하게 적힌 글자들 배후에 숨겨진 의미를 찾아야 하는데 이는 편지 속에 가려진 전제들, 즉 시청자들이 가지고 있는 태도를 이해해야 하기 때문이다. 다른 말로 표현하자면, 이 편지들은 〈댈러스〉와 같이 상당히 논란이 되는 대중문화에 대한 본인의 선호 또는 혐오에 대해 사람들이 의견을 표시하거나 설명을 할 때 만들어내는 담론들 또는 '텍스트들'(texts)로 간주되어야 한다. 시청자들은 좋고 싫음을 설명하기 위해서 사회적으로 가용한 이데올로기와 이미지들을 활용해 텔레비전 연속극에 특정한 의미를 부여해야 한다. 그렇다면 우리는 편지 속에 숨겨진 이데올로기들과 이미지들을 추적함으로써 〈댈러스〉로부터 즐거움을 경험하는 것

(또는 그렇지 않은 것) 이 편지를 보낸 사람들에게 어떤 의미인지 알 수 있게 될 것이다. 예를 들어 〈댈러스〉의 어떤 텍스트적인 속성들이 시청자들의 경험을 조직하는지, 어떤 이데올로기적인 맥락에서 〈댈러스〉가 사회적이고 문화적인 의미들을 획득하게 되는지 등에 관해서 말이다. 이 책을 아우르는 전반적인 하나의 테마가 있다면 그것은 즐거움과 이데올로기 간의 관계이다.

하지만 물론 이 책이 즐거움과 이데올로기 간의 관계에 관한 모든 문제의 실마리를 풀 수는 없다. 〈댈러스〉를 이해하는 방식은 다양하기 때문에 〈댈러스〉를 즐기는 방식도 다양할 수밖에 없다. 따라서 이 책에서는 〈댈러스〉를 즐기는 방식 중 일부만을 다룰 것이다. 이 책은 비교적 적은 숫자의 편지로 추적한 근거에 제한될 수밖에 없기 때문이다.

게다가 어떤 연구라도 연구자 주관(subjectivity)의 흔적이 묻기 마련이다. 이런 이유로 〈댈러스〉에 대한 나의 모순적인 관계 또한 이 연구에 영향을 줄 것이라는 점은 분명하다. 한편으로는 지식인이자 페미니스트로서의 내 정체성과 관련이 있고, 다른 한편으로는 내가 늘 〈댈러스〉와 같은 드라마를 즐겨 보았기 때문이다. 한때 나는 헌신적인 〈댈러스〉 팬이라는 범주에 속한 적도 있었다. 이렇게 〈댈러스〉를 즐겼다는 사실을 인정하는 것이 이 연구의 시작점이 되었다. 나는 무엇보다도 이러한 즐거움에 대해 이해하고 싶었고 정치적, 사회적, 미학적 측면에서 〈댈러스〉가 좋은지 나쁜지에 관한 판단은 피하고자 했다. 즐거움이 중요한 의제인 상황에서 나는 〈댈러스〉에 대해 정치적, 사회적, 미학적 판단을 내리고 진보적인 문화정치를 위한 조건을 고안하는 것이 상당히 어렵다는 점을 오히려 강조하고 싶었다. 인류학자 조르주 데브뢰(Georges Dévereux)는 "모든 연구는 일종의 자서전이다"라는 말을 한 적이 있다. 이 책이 제공하는 분석들과 주장들이 합리적이고 설득력을 갖는지 판단하는 것은 다른 사람들의 몫일 것이다.

제1장

〈댈러스〉, 현실과 픽션 사이

언론에 의해 조종당한 것인가, 프로그램에 매료된 것인가?

편지를 보내준 사람들 중 어떤 이들은 〈댈러스〉를 싫어한다고 했고, 다른 이들은 즐겨본다고 했다. 적어도 이들은 이런 식으로 답변했다. 사람들이 〈댈러스〉에 대해 말할 때 일반적으로 활용하는 표현은 '〈댈러스〉를 싫어한다' 또는 '〈댈러스〉를 좋아한다'이다. 즉, 이 두 가지가 사람들이 드라마에 대한 경험을 이야기할 때 통상적으로 하는 말이다. 사람들은 텔레비전 프로그램에 대한 경험을 부정적으로 말하거나 긍정적으로 말하는 경향이 있다. 그런데 이렇게 명백하고 분명한 표현 이면에 숨겨진 의미는 무엇일까?

사실 양면적이지 않은 경험이란 없다. 오랫동안 방영되고 있는 드라마 시리즈에 대한 경험 역시 양면적이고 모순적임에 분명하다. 좋아함 또는 싫어함처럼 '전체를 아우르는' 표현은 이러한 복잡한 경험을 숨기고 있을 뿐이다. 따라서 독자들이 보내준 편지에 이러한 양면적인 의미가 드러나고 있다는 사실은 놀랍지 않다. 때로는 매우 뚜렷하게 이러한 모순이 드러나는데 다음 발췌문을 살펴보자.

> 좋건 싫건 간에 드라마 인물들에게 무슨 일이 벌어지는지 궁금하게 되죠. 제 경우에는 30분 동안(에피소드 한 편의 길이가 정확히 어떻게 되죠?) 때때로 매우 짜증 나기도 하지만 편안하고 흥미롭게 시청하는 편입니다.
> — 편지 11번

> 〈댈러스〉를 처음 봤을 때 매우 재밌는 드라마라고 생각했고 계속 보기로 했어요. 그런데 몇 달이 지나니까 너무 지루해서 정말 재미없어지더라고요. 그런데 3주 전에 우연히 〈댈러스〉를 봤는데 아무리 지루하더라도 봐야겠다는 생각이 들더라고요. 저는 원래 텔레비전 보는 걸 안 좋아하는데 참 이상하죠? 제가 봐도 참 어처구니가 없는 일이에요.
> — 편지 27번

이와 같은 모순적인 감정을 읽으면서 우리는 시청자들이 〈댈러스〉에 대해 정말로 어떻게 생각하는지 판단하기가 쉽지 않다는 점을 깨닫게 된다. 사실 다양한 집단의 시청자들이 〈댈러스〉를 경험하는 방식에 관한 전체적이고 확실한 설명의 틀을 찾고자 한다면 좌절할 수밖에 없는데 결국 어느 순간 우리가 환상을 좇고 있다는 점을 인정할 수밖에 없기 때문이다. 편지를 써준 시청자들의 진술을 해석할 때 염두에 둘 것은, 시청자들의 모든 경험을 아우르는 설명이란 합리적으로 보이는 허구라는 점이다. 편지를 보내준 시청자들이 〈댈러스〉에 대해 말한 것은 이 드라마 수용에 관한 짧은 스냅숏, 즉 압축된 시청 경험을 몇 개의 단어로 나열한 것에 불과하다. 무언가가 문자로 설명될 때는 표현되지 않는 암묵적인 무언가도 남아있음을 기억해야 한다.

그럼에도 불구하고 한 가지는 분명하다. 편지를 쓴 모든 사람이 〈댈러스〉에 대해 무관심하지 않고 이들 모두가 〈댈러스〉를 시청한다는 것이다. 그렇지 않고서야 어떻게 이들이 이토록 구체적인 설명을 할 수 있겠는가? 특히, 자신을 〈댈러스〉를 싫어하는 사람으로 정의하는 시청자들의 경우는 당황스럽고 황당하기까지 하다. 편지 31번을 보낸 시청자의 경우 스스로를 〈댈러스〉의 열렬한 반대자라고 밝혔음에도 불구하고 그녀의 편지는 그녀가 유잉 가의 역경과 우여곡절에 상당히 몰입하고 있음을 보여주고 있다. 그녀는 〈댈러스〉의 주요 인물의 문제점에 대한 본인의 생각을 매우 자세히 기술할 뿐 아니라 이들의 인생이 미래에 어떻게 펼쳐질 것인가에 대한 가능성들에 대해서도 상상하고 있다. "하지만 누가 알겠어요? 어쩌면 패멀라가 혼외관계를 시작할지 모르겠어요(그녀가 매우 아름답다는 걸 인정할 수밖에 없잖아요). 그럼 정말 재밌을 텐데요"(편지 31번).

편지 31번의 시청자가 느끼고 있는 〈댈러스〉의 매력은 그녀 스스로 〈댈러스〉 혐오자라고 밝힌 것과 모순적인 듯하다. 우리는 이러한 모순을 어떻게 설명할 수 있을까? 혹시 이 시청자는 〈댈러스〉를 둘러싼 화려한 광고 산업에 의해 세뇌당한 것은 아닐까? 그녀 자신도 이 점에 대해 분명히 지적했다.

제가 지난여름을 보낸 영국에서는 〈댈러스〉에 대한 인기가 대단했어요. 찰스 황태자와 다이애나 비와 관련된 배지, 머그컵, 숟가락, 손수건, 행주, 티셔츠, 식탁보뿐 아니라 제이 알에 관한 것들도 엄청 많았어요. '제이 알 사랑합니다', '나는 제이 알이 싫다'고 쓰여 있는 물건 같은 것들이요. 저는 '나는 제이 알이 싫다'고 쓰인 배지를 샀는데, 결국 〈댈러스〉라는 그물에 걸리고 말았다는 걸 깨달았어요.

이 말도 사실이다. 〈댈러스〉를 상업적으로 이용하는 장치들은 가히 폭발적이다. 네덜란드에서도 대중 언론들이 〈댈러스〉에 출연한 스타들의 인생 기복에 대해 꾸준히 다루고 있다. 어딜 가도 〈댈러스〉에 대한 책이 팔리고 있다. 심지어 〈댈러스〉에 관한 월간 만화도 특별 연재되고 있다. 하지만 편지를 보낸 이 시청자는 이미 제이 알 배지를 보기 이전에 '〈댈러스〉라는 그물에 걸려 있었던 것'은 아니었을까? 대중문화 이데올로기●에 대한 믿음을 바탕으로 저항했지만 결국 〈댈러스〉를 시청하게 되면서 (유쾌하지 않은 방식으로) 〈댈러스〉의 그물에 걸리게 된 건 아닐까?

상업 문화산업의 마케팅 전략들이 시청자들에게 효과를 전혀 미치지 않는다고 가정하는 것은 순진하다. 하지만 그 효과가 얼마나 큰지, 어떤 종류의 효과가 있는지 확언하기는 어렵다. 다른 한편으로

● 이 책의 3장에서 내가 '대중문화 이데올로기'라고 명명한 것의 기능을 자세히 다룬다. (옮긴이 주: 이엔 앙이 말한 대중문화 이데올로기란 대중문화에 대한 사회의 부정적 인식을 지칭한다.)

〈댈러스〉가 인기를 누리는 이유를 전적으로 광고에 돌리는 것도 너무 손쉬운 판단일 것이다. 우리는 매주 텔레비전에서 시청하는 프로그램 자체와 이를 둘러싼 광고의 효과를 구분할 필요가 있다. 〈댈러스〉를 좋아한다고 밝힌 한 시청자는 편지에 다음과 같이 기술했다.

저는 〈프리비〉(Privé), 〈스토리〉(Story)● 같은 잡지에서 〈댈러스〉에 관한 기사를 상당히 많이 읽었습니다. 미국에서는 수백만 명의 사람들이 시청했다는데 이곳에서도 그 정도의 인기를 누리게 될지는 몰랐지요. 한마디로 이 드라마 때문에 야단법석이네요. 미국에서는 '제이 알' 모자, 스티커, 단추, 포스터 등이 판매된다고 하는데 제 생각에 이런 것들은 과도한 것 같습니다. 가십 잡지를 읽게 되면 어떤 느낌인지 아실 겁니다. 손가락을 베이면 반창고를 붙이면 됩니다. 그럼 끝나는 거죠. 만약 래리 해그먼(제이 알 역을 맡은 배우)이나 린다 그레이(수 엘런 역을 맡은 미국 배우)가 손가락을 베이면 엄청난 제목이 붙죠. '제이 알 또는 수 엘런이 부상을 당해 누워있다.' 이런 식으로 호들갑을 떱니다. 전 처음에 〈댈러스〉가 재미있다고 생각하지 않았어요. 동료들이나 다른 여자 친구들이 재미있다는 이야기를 했지만 그냥 쉽게 하는 이야기처럼 들렸지요. 그래서 한동안 〈댈러스〉를 시청하지 않았던 거고요. 드라마가 시작한 지 반년 정도 지났을 무렵(〈댈러스〉의 한 에피소드가 방송한 다음 날) 여자 동료 한 명이 저에게 갑자기 이런 말을 하는 거예요. '이것 봐. 넌 〈댈러스〉를 꼭 봐야 해. 이 드라마 정말 끝내주

● 네덜란드 가십 잡지의 이름들이다.

거든.' 드라마에 쉽게 빠지는 성격이 아닌 이 동료가 이렇게 말할 정도
면 한번 볼 만한 가치가 있다고 생각했어요. 　 　 　 —편지 20번

　편지 20번을 보낸 시청자는 동료의 권유 이후 〈댈러스〉를 시청하
기 시작했다. 프로그램을 한번 시청하기 시작한 후 한 주도 빼놓지
않았다고 하는데 믿기지 않는 이야기처럼 들리기도 한다. 하지만 어
쨌든 이 시청자의 이야기는 대중 언론매체를 통한 광고보다 개인이
속한 사회 집단의 광고가 훨씬 더 효과적으로 작용하고 있음을 보여
준다. 대중 언론매체는 방송 프로그램의 존재에 대해 (잠재적) 시청
자들의 관심을 집중시키고 프로그램에 대한 호기심을 자극할 수 있
을지 모르지만 시청자가 프로그램을 경험하는 방식에 확실하고 직
접적인 영향을 미친다고 보기는 어렵다. ● 다음 편지의 이야기는 이
점을 보여준다. "가십 잡지들이 말하는 것처럼 이 여성들은 정말로
아름다워요. 이 잡지들은 아름다운 여성들이 등장하기 때문에 사람
들이 〈댈러스〉를 즐겨보는 거라고 말하지만 그 이유가 전부는 아니
에요"(편지 7번).

　대중 언론, 광고뿐 아니라 텔레비전 비평가, 기자, 지식인이 만
들어내는 〈댈러스〉에 관한 이런저런 담론들과 별 상관없이 〈댈러
스〉는 수백만 시청자들의 경험 세계로 들어왔다. 이 드라마가 특정

● 1982년 5월 출판된 네덜란드 방송 재단의 시청 및 청취 연구부의 연구에 따르면
〈댈러스〉를 정기적으로 시청하는 네덜란드 성인의 12%만이 신문이나 잡지에서
〈댈러스〉에 대한 기사를 자주 읽는다. 49%는 전혀 읽지 않고, 18%는 거의 읽지
않으며, 21%는 가끔 읽는다.

한 매력을 발산하고 있음은 분명하다. '좋은 텔레비전'이라는 지배적인 개념에 비추어 보았을 때 이러한 매력은 반대 감정이 병존하는 양면적인 경험이다. "나는 이 드라마의 수준이 매우 떨어진다고 생각합니다. **하지만 분명히 매력적이라고 생각합니다**"(편지 26번, 저자가 강조한 부분을 볼드체로 강조). 이런 매력은 이성적인 설명을 요하는 것 같지 않다. 여기서 논의하고 있는 〈댈러스〉를 시청하는 즐거움은 이해하기 쉽지 않고 잘 설명되기 어렵다. 독일의 사회학자인 디터 프로코프(Dieter Prokop)가 이야기한 '그럼에도 불구하고 매력적이다'[1]에 해당하는 사례이다. 다른 말로 표현하자면 〈댈러스〉를 보는 즐거움은 수수께끼 같은 것이다.

이 장과 다음 장에서 나는 이러한 수수께끼를 풀어 나가고자 한다. 그렇다고 이 문제를 전적으로 해결할 수 있다고 주장하지는 않겠다. 만약 내가 자신 있게 주장한다면 시청자들이 〈댈러스〉를 경험하는 모든 방식을 아우르는 설명을 제공하는 것이 애초부터 불가능하다고 생각하는 나의 신념과 충돌할 것이다. 대신에 나에게 편지를 보내준, 〈댈러스〉를 좋아한다고 밝힌 시청자들이 이 드라마에 가지고 있는 자신들의 태도에 대해 서술한 내용을 바탕으로 나의 논의를 시작하고자 한다. 시청자들의 서술은 비록 간접적이라도 〈댈러스〉가 이들 시청자들에게 **어떻게 받아들여지는지**에 관한 실마리를 제공한다고 생각한다. 나는 이들의 서술을 분석하고 이러한 서술이 〈댈러스〉로부터 경험하는 즐거움과 어떻게 연결되어 있는지 논의하고자 한다. 하지만 이에 앞서 즐거움의 문제를 다룸에 있어 이론적 기반이 되는 관점에 대해 설명하는 것이 필요하다.

소비, 사용가치, 그리고 즐거움

사람들이 〈댈러스〉로부터 경험하는 즐거움을 연구하는 것은 이론적 (그리고 정치적) 측면에서 가치중립적 선택이 아니다. 즐거움을 강조한다는 것은 사람들이 〈댈러스〉와 맺는 관계가 긍정적일 수 있다는 점을 인정하는 것이기 때문이다. 이러한 쾌락주의적인 태도는 대중문화가 주로 대중을 조작하는 역할을 수행한다는 관점과 어긋난다. 예를 들어 아도르노(Adorno)와 호르크하이머(Horkheimer)에 따르면 대중문화에서 경험하는 즐거움이란 허위적인 종류의 즐거움이고 심지어 착취와 억압을 유지시키는 현재 상황을 영속시키는 데 있어서 대중을 효과적으로 조작하는 속임수의 일부로 기능한다. 사이먼 프리스(Simon Frith)는 로큰롤(*rock'n'roll*)에 관한 그의 책에서 "특히, 마르크스주의자들은 **사람들이** 우울해서 대중문화를 즐긴다는 해석을 제시한다"고 주장했다.**2** 심지어 스튜어트 홀은 좌파들이 즐거움을 고려하는 것을 완강하게 거부해 왔음을 이야기하고 있다. "좌파의 프로젝트는 미래 지향적이고 성취해야 할 사회주의로 향하고 있다. 이 점은 현재 이곳에 존재하는 즐거움에 관한 직접적인 경험과는 상충하고 있다. 즐거움은 문제를 이론화함에 있어서 온갖 종류의 골칫거리를 야기할 뿐이다".**3**

쉽게 말하자면, 현재 마르크스주의자의 생각은 다음과 같다. 문화의 생산은 자본주의 경제 법칙에 지배받기 때문에 문화 생산물들은 시장에서 가장 많은 이윤을 만들어낼 수 있는 상품으로 저하된다. 따라서 생산자들에게는 이러한 문화 생산물들의 교환가치가 중요해지고 생산물의 질은 등한시된다. 자본주의 시장 경제는 잉여가치의 생산에만 관심을 두고 상품의 특수한 성질에 대해서는 무관심하다. 즉, 상품이 판매되고 소비되는 것만 중요시된다. 대중문화는 문화가 경제에 종속된 것을 보여주는 가장 전형적인 사례이다. 대중문화의 가장 중요한 속성은 생산자에게 이윤을 제공하는 것이다.

하지만 이러한 관점은 한쪽으로 치우친 설명이다. 마르크스 자신도 "상품은 사용가치가 있을 때만이 교환가치를 가진다. 상품이 사용가치를 상실할 때 교환가치를 상실한다"[4]고 진술한 바 있다. 다시 말해 한 상품이 더 이상 유용하지 않으면 계속 팔릴 수 없다는 것이다. 바로 여기에 자본주의 생산양식의 모순이 있다. 생산의 측면에서 생산물은 상품의 특성을 가지지만, 소비의 측면에서는 같은 생산물이 사용가치의 특성을 지닌다.

따라서 문화 생산물이 생산되는 방식만으로는 소비되는 방식까지 추론할 수 없다. 소비방식은 다양한 종류의 사회문화적, 심리학적 조건에 따라 좌우되기 때문이다. 테리 러벌(Terry Lovell)은 대중문화의 상업적 가치와 오락적 가치의 관계를 정의하는 것이 얼마나 어려운지 간략하고 명확하게 설명한 바 있다. "문화적인 생산물이 소비자에게 가지는 교환가치가 이 생산물이 부르주아 이데올로기로서 자본주의에 가지고 오는 효용과 일치하는지 단언할 수 없다. … 예를 들어 광고 시간을 구입하는 제작자에게 텔레비전 프로그램이 가지는 효용은 이 프로그램이 광고되는 상품의 판매를 증진시키는 것, 제작자가 프로그램 시청자들에게 접근할 수 있다는 것이다. 하지만 시청자는 오락적 가치 때문에 프로그램을 시청한다. 따라서 제작자와 시청자의 관심은 상충할 수 있다. 인기가 많고 오락적 가치가 높은 텔레비전 프로그램이 상대적으로 덜 인기 있는 프로그램보다 광고 상품에 대한 강렬한 인상을 주지 못하고 상품 판매도 효과적으로 증가시키지 못할 수 있다".5

하지만 러벌이 논의하고 있는 오락적 가치라는 것은 무엇인가? 상식적으로나 이론적으로나 오락이라는 것은 단순하고 복잡하지 않은 즐거움과 관련이 있다. 따라서 **단순한 오락**이라는 단어도 존재하는 것이다. 하지만 즐거움을 자연스럽고 자동적으로 발생하는 것이라고 치부한다면 즐거움의 기저에는 어떤 기제가 작동하고 있으며 어떤 방식으로 그러한 즐거움이 생산되고 작동하는지에 관한 분석을 회피하는 것이다. 따라서 모든 종류의 즐거움은 구성된(constructed) 것이며, 특정한 사회·역사적 맥락에서 작동한다는 점을 이해하는 것이 중요하다.

그렇다면 〈댈러스〉의 즐거움은 어떻게 구성된 것인가? 상업 문화산업의 생산물인 〈댈러스〉는 즐겁게 소비될 수 있는 것으로 대중에게 제공된다. 대중들이 텔레비전 수상기 앞에서 〈댈러스〉를 시청하도록 하는 것이 텔레비전 산업에 있어서 즐거움이 약속해주는 사용가치일 것이다. 하지만 이런 목적을 달성하기 위해 제작자는 시청자들이 무엇을 즐기는지 명확히 이해해야 한다. 제작자는 본인이 가진 즐거움의 개념이 (많은 집단의) 시청자들이 가진 즐거움의 개념과 일치하고 있다는 확신이 필요하다. 따라서 텔레비전 제작자의 전략은 대중적으로 인기가 있는 요소들을 정교하게 만들어내는 작업에 초점을 맞추고 있다. 제작자가 가지고 있는 산업적 경험은 이 과정에서 도움이 된다. 따라서 〈댈러스〉가 제공하는 즐거움이 구조적으로 새롭다거나 실험적이거나 도발적일 가능성은 낮다. 이러한 즐거움은 기존에 존재하고 받아들여지고 있는 즐거움의 개념과 관습을 포함하고 있을 것이다. 따라서 〈댈러스〉의 형식은 많은 시청자들을 유인하기 위해 쉽게 이해될 수 있고, 무엇이 즐겁고 오락적인 것인지에 관한 현재의 기준과 부합하는 경향을 가지고 있다. 그렇다고 해서 제작자가 생산물의 효과를 충분히 인지하고 있다는 말은 아니다. 사실 제작자가 알고자 하는 것은 이러한 **즐거움의 기제가 작동하는지 여부일 뿐이지, 어떻게 작동하고 왜 작동하는지가 아니다.** 제작자는 실용적인 관점이 중요하기 때문에 문화이론에는 관심이 없다.

하지만 나는 즐거움의 기제가 어떻게 그리고 왜 작동하는지 알고 싶다. 〈댈러스〉의 즐거움이라는 수수께끼에 대한 해답을 찾지 못하더라도 그 수수께끼를 어느 정도 풀어낼 수 있지 않을까 기대한다. "문화 귀족"이라는 논문에서 피에르 부르디외(Pierre Bourdieu)는 대중적 즐거움의 특성은 즐거움의 대상에 대한 즉각적이고 감정적이며 감각적인 관여●라는 점을 설명한 바 있다.6 중요한 것은 자기 자신을 어떻게든 그 대상과 연관시키고 본인의 일상에 통합시킬 수 있는 가능성이다. 다른 말로 표현하자면, 대중적인 즐거움이라는 것은 다른 무엇보다도 무언가를 인식하는 즐거움(*pleasure of recogni-*

● 옮긴이 주: 이 책의 영문판에서 사용한 *involvement*를 '관여'라고 번역했다. 한국 미디어·신문방송학에서 관여, 관여도 등으로 번역되고 있음을 고려해 일관성을 의도한 것임을 밝힌다.

tion)이다. 〈댈러스〉를 사랑하는 시청자들은 〈댈러스〉를 보면서 어떤 측면에 주목하는가? 이것이 지금 우리가 당면한 주된 질문이다.

텔레비전 오락물 〈댈러스〉

그런데 〈댈러스〉를 보는 즐거움과 텔레비전을 보는 일반적인 즐거움을 분리하는 것이 가능할까? 〈댈러스〉를 보는 즐거움이 이 드라마에 등장하는 특정한 등장인물과 관련되었다기보다 텔레비전을 보는 것 자체와 관련된 건 아닐까? 또한 시청자들이 〈댈러스〉를 보는 이유는 선택의 여지가 없고 이보다 더 나은 드라마가 없기 때문이라는 것이 더 적절한 설명은 아닐까?

　〈댈러스〉를 소비하는 것은 고립된 현상이 아니라 다른 활동들과 그와 연결된 또 다른 활동들과의 연결망 속에서 발생하는 현상이다. 〈댈러스〉를 보는 즐거움이 대단히 독특하기 때문에 이해하기 어렵다고 과장하면 안 된다. 우리가 고려해야만 하는 것은 〈댈러스〉가 소비되는 사회문화적 맥락이다. 이러한 소비의 맥락은 사회집단마다 동일하지 않다. 텔레비전 드라마가 다양한 인구 집단과 하위문화에 의해 수용되는 상이한 방식에 대한 연구야말로 매우 유용한 통찰력을 제공해줄 수 있고 '텔레비전은 수동적으로 소비되는 것'이라는 만연한 이미지를 바로잡는 데 도움을 줄 수 있을 것이다. ● 하지만

● 바로 이 점이 이스라엘에 있는 다양한 시청자 집단이 〈댈러스〉를 어떻게 수용하는

이러한 작업은 매우 광대한 사회학적 조사를 필요로 하는데 내가 하고자 하는 분석은 아니다. 대신에 나는 본 연구의 범위를 텔레비전 시청이 이루어지는 일반적인 사회문화적, 이데올로기적 조건들에 한정하고자 한다.

대부분의 사람들에게 텔레비전 시청은 오락과 관련이 있다. 즉, 휴식이나 하루의 일과를 마친 후의 휴식이나 여유시간을 의미한다. 오락이란 여가활동에 속하며, 여가란 공장, 학교, 사무실이라는 공적 세계의 짜증 나는 관계들로부터의 해방, 또는 집안일과 관련된 다양한 근심 걱정으로부터 자유로운 '나 자신을 위한 시간'이라는 일상적인 경험 세계를 의미한다. ● 대부분 사람들은 오락에 긍정적인 의미를 부여한다. 즉, 여가란 늘 옳은 것이며 본인이 성취해 얻어낸 것이다. 문화적 실천으로서 텔레비전 시청과 관련된 점 하나는 본인 거실에서 오락을 즐길 수 있는 권리다. 〈댈러스〉가 오락 프로그램으로 제공되고 있다는 사실은 이미 즐거움을 약속하고 있음을 의미

지 연구한 엘리후 카츠(Elihu Katz)와 타마 리베스(Tarma Liebes)가 다룬 주요 이슈이다. 다음 논문을 참고할 것. E. Katz and T. Liebes, "Once upon a time, in Dallas", *Intermedia*, vol. 12, no. 3, May 1984.

● 일부 사회학자는 우리가 여가라고 부르는 것이 사실 자유시간이 전혀 아니라는 점을 강조한다. 그 이유는 우리가 여가를 보내는 방식(무엇을, 언제, 어떻게)은 우리의 여가를 조직하는 데 영향을 미치는 온갖 종류의 제도들에 의해 결정되기 때문이다. 이 점은 맞지만 사실상 여가는 실제로 자유시간, 즉 노동시간과 반대되는 것으로 경험된다는 점을 인정해야 한다. 제도적으로 제한되어 있기는 하지만, 여가를 본인의 생각대로 채울 가능성은 직장에서 또는 학교에서보다 일반적으로 더 크다는 점을 부인할 수는 없다. 직장이나 학교에서 개인에게 적용되는 규칙들은 개인이 여가를 보낼 때 적용되는 '보이지 않는' 규칙들에 비해 훨씬 더 엄격하기 때문이다.

한다. 〈댈러스〉를 시청하는 것이 짜증 나는 의무라고 생각하는 사람은 없는데● 한 편지는 이를 지적하고 있다. "아무 지적인 생각 없이 앉거나 누워서 텔레비전을 시청하는 것은 정말 멋진 일이에요. 아무것도 하지 않는다는 것은 달콤한 호사로움이라고나 할까요?"(편지 19번) 또 한 명의 시청자는 〈댈러스〉를 시청하는 이유에 대해 다음과 같이 답변했다. "이 드라마는 '싸구려 통속소설' 같지만 편안하게 볼 수 있어요. 이야기를 이해하는 것이 어렵지 않거든요. 고단한 하루를 마치고 쉽게 할 수 있는 일이에요"(편지 42번).

따라서 〈댈러스〉를 보는 즐거움은 오락물이 주는 자유, 즉 사회의 제약과 요구로부터 해방감을 즐기는 것과 관련이 있다. 비록 많은 여가 활동이 사회적으로 조직되긴 하지만 매일매일의 현실에서 여가란 '내 모습 그대로가 될 수 있는' 곳으로 벗어나는 경험을 의미한다. 이런 점에서 주말은 특별한 위치를 차지하게 된다. "오늘이 금요일이 아니라 아쉽습니다. 왜냐하면 (주말인) 금요일 저녁이 참 좋거든요. 하지만 상관없습니다. 화요일마다 〈댈러스〉를 볼 수 있으니까요. (〈댈러스〉가 방송되는) 오늘 저녁 9시 반에 텔레비전 앞에 앉아 기다리고 있을 겁니다"(편지 2번).

하지만 왜 다른 프로그램이 아닌 〈댈러스〉이어야만 하는가? 〈댈러스〉는 많은 오락 프로그램 중 하나가 아닌가? 〈댈러스〉가 주는 즐거움은 우연에 불과한 것은 아닐까? 〈댈러스〉의 인기는 프로그램 자

● 물론 직업적으로 텔레비전을 봐야 하고 보통 텔레비전에 대해 못마땅하게 생각하는 비평가들은 예외다.

체가 가지고 있는 속성들 때문이 아니라 **텔레비전 프로그램이라는 점에 기인한다**는 관점은 다음과 같은 세 가지 주장으로 요약할 수 있다.

첫째, 〈댈러스〉는 황금 시간대에 방송된다. 만약 이 상황에 더해서 같은 시간대 다른 채널에서 그다지 재미없는 프로그램을 방송한다면 (네덜란드에서 한 시즌은 정말 그랬다) 많은 시청자들이 〈댈러스〉를 본다는 사실이 그리 놀랍지 않다. ● 이 경우, 사람들이 〈댈러스〉에 관심을 가진다고 보기보다는 텔레비전을 시청하기 원하는 것으로 볼 수 있다. 물론 이런 상황이 〈댈러스〉 시청자들의 규모를 늘리는 데 중요한 역할을 했음은 명백해 보인다. 하지만 그럼에도 불구하고 첫 번째 주장은 〈댈러스〉가 달성한 엄청난 시청률을 설명하기에 부족해 보인다(시청률이라는 것은 프로그램의 인기를 정량적으로 보여주는 것에 불과하긴 하지만).

두 번째 주장은 텔레비전 시청 자체의 속성과 관련이 있다. 레이먼드 윌리엄스(Raymond Williams)에 따르면 텔레비전 시청은 편성의 '흐름'(flow)에 큰 영향을 받는다. 텔레비전 프로그램들이 끝나고 시작하기를 반복하는 과정에서 각 프로그램의 개성은 시청자들에게 큰 인상을 남기지 못한다. 한 프로그램이 끝나자마자 다음 프로그램이 방송되기 때문에 그럴 만한 시간이 없기 때문이다. 레이먼드 윌리엄스는 "대부분의 사람들은 그들의 경험을 이야기할 때 '텔레비전

● 네덜란드에는 두 개의 텔레비전 채널이 있다. 한 연구에 따르면 낮은 비율의 시청자들이 (많아야 10% 정도) 가끔 외국 방송(독일이나 벨기에)을 시청한다. 대부분의 시청자들은 자국 채널에 대한 선호도가 확고하다.

을 시청한다'고 설명하지 뉴스, 드라마, 미식축구를 텔레비전에서 시청했다고 설명하지 않는다. 물론 가끔 두 가지 방식으로 이야기를 하긴 하지만, 전자가 이미 더 중요하다"고 말한다.7 보다 정식으로 표현해보면, 시청자들이 개별 프로그램들과 맺는 관계는 오래가지 못하고 가볍고 피상적이다. 더구나 텔레비전 시청은 매우 뻔하고 쉽게 할 수 있는 형태의 여가 활동이다. 텔레비전 수상기는 언제나 사용할 수 있고, 텔레비전은 대부분의 거실에서 가장 중요한 위치를 차지하며, 텔레비전 시청은 일상적인 삶과 활동의 연장으로 자리 잡았다. 이와 같은 텔레비전 시청과 관련된 사회문화적 속성은 〈댈러스〉 시청이 특수한 성격을 가지고 있다는 주장을 사실상 제한할 수 있다. 하지만 이러한 제약 때문에 하나의 프로그램이 특수한 위치를 차지할 수 없다는 것은 아니다. 〈댈러스〉에 대해 수많은 사람들이 이야기를 하고 수많은 기사들이 쓰였다는 사실은 〈댈러스〉가 사회의 문화 의식 속에서 두드러진 위치를 차지하고 있다는 것을 입증한다(적어도 당분간은 그렇다. 대중적인 즐거움 역시 대부분 유행을 타기 때문이다).

마지막 주장은 〈댈러스〉로부터 느끼는 즐거움은 이 드라마 자체의 속성과 관련이 없다는 점과 관련되어 있다. 이 주장은 텔레비전 편성의 권위적인 성격과 연관되어 있는데, 텔레비전 방송사들은 어떤 프로그램들이 방송되고 방송되지 않는지를 결정한다. 시청자는 제공되는 식단을 기다릴 뿐이다. 이런 의미에서 시청자들은 '수동적'이다. 여기서 사람들이 〈댈러스〉를 시청하는 이유는 이보다 딱히 나은 드라마가 없기 때문임을 추론할 수 있다. 하지만 텔레비전 편성에 관한 놀라운 사실은 — 적어도 상업 네트워크의 경우는 그렇다 —
방송사 내에서는 '시청자들이 원하는 프로그램을 제공해준다'는 생
각이 지배적이라는 점이다. • 텔레비전 방송사의 자아상은 어떤 프
로그램을 방송할 것인가를 결정함에 있어서 큰 영향력을 발휘한다.
물론 오락 프로그램에 관한 한, 다수의 입맛에 맞는다고 여겨지는 프
로그램이 선택된다는 것에는 의심할 여지가 없다. 물론 이러한 편성
정책에서는 '최대 공통분모'라는 법칙이 지배하게 될 위험이 있다.
하지만 한편으로 이러한 전략은 아이러니하게도 대중의 일반적인 바
람과 선호를 고려한다는 장점이 있다. 상업 텔레비전 방송사는 경제
적 논리에 따라야 하고 독단적이어선 안 된다. 포퓰리즘적 태도가 상
업 문화산업의 이념에 '자연스럽게' 부합하는 것이다. 따라서 상업주
의의 원칙들은 시청자들이 바라는 바를 진지하게 고려할 수밖에 없
다는 점은 부인하기 어렵다. 시청자들이 선호하는 것들과 이들의 감
정이 변덕스럽고 예측하기 어렵다는 사실은 문화산업이 왜 그토록
많은 돈과 에너지를 시장조사에 활용할 필요가 있는지 설명해준다
(비록 이런 작업의 동기가 의심스럽더라도 산업의 입장에서는 전적으로 실
용적이다). 요컨대 프리스의 표현을 빌리자면, "'대중에게 그들이 원
하는 것을 준다'는 장사치들의 고전적인 어구는 '수요'와 '공급' 간의
복잡한 관계를 보여준다". 8

• 물론 이러한 주장은 종종 방송 정책을 정당화하거나 방송의 문화적 책임을 무시하
는 이데올로기적 목적으로 남용되기도 한다. 하지만 이 점은 여기서 논의되는 요점
을 벗어난다.

시청자들은 〈댈러스〉를 먼저 요구하지 않았다. 이 드라마는 저 멀리 미국에 있는 삼촌이 선사한 선물처럼 네덜란드 시청자들의 '무릎 위에 던져진 것'이다. 선물을 받은 시청자들은 그걸 가지고 '놀기' 시작했다. 이 선물을 가지고 놀 수 있어서 행복했고 텔레비전이 준 대부분의 다른 '선물들'을 가지고 노는 것보다 더 행복했다. 수용자들이 선호하는 프로그램도 물론 이들에게 제공되는 프로그램의 범위 안에 한정될 수밖에 없지만 그렇다고 해서 시청자들이 〈댈러스〉를 수동적이고 순종적인 방식으로 소비하는 것은 아니다. 실제로 시청자들은 〈댈러스〉에 상당히 많은 에너지를 프로그램에 할애하고 있으며 이 드라마로부터 즐거움을 경험하고 있다. 다시 말하지만, 우리가 당면한 문제는 즐거움에 관한 것이다.

텍스트로서 〈댈러스〉

나는 편지들을 통해서 〈댈러스〉 애청자들이 왜 이 프로그램을 즐겨보는지에 관한 수많은 '이유'를 읽을 수 있었다. 이들은 본인의 시청 경험을 매우 장황하게 묘사할 뿐 아니라 본인에게 소구하는 것과 소구하지 않은 것들에 대해 자세히 기술했다.

저는 〈댈러스〉가 정말 대단한 텔레비전 프로그램이라고 생각해요. 드라마 덕택에 저는 틀에 박힌 일상 속에서도 일주일에 두 번 휴식을 취할 수 있습니다. 왜 일주일에 (한 번이 아니라) 두 번이냐고요? 저는 벨기에 텔레비전으로도 (재방송을) 보고 있거든요. 채널을 바꿔야 하지만 내용을 곧 따라잡을 수 있습니다. 의상도, 메이크업도, 헤어스타일도 다 관심 있게 봅니다. 때로는 눈을 뗄 수가 없어요. 예컨대 미스 엘리 경우에는… 또 레이 크랩스는 훌륭하다는 생각이 듭니다. 그런데 제이 알은 괴물 같고, 위선자 같고 그렇습니다.　　　　　　－편지 1번

제가 이 프로그램을 즐겨보는 이유는 이 사람들이 가지고 있는 문제들에 쉽게 관여할 수 있기 때문입니다. 하지만 대부분 문제가 잘 해결될 거라는 걸 알고 있어요. 사실 드라마를 보는 건 현실로부터 도피하는 것과 같죠.　　　　　　－편지 5번

제가 왜 〈댈러스〉를 화요일마다 보냐고요? 그건 주로 패멀라, 그리고 그녀와 보비와의 멋진 사랑 때문이에요. 이 커플을 볼 때 따뜻한 온기가 느껴지곤 합니다. 저 역시 결혼생활이 행복한데요, 그래서인지 패멀라를 보면서 저 자신을 보는 것 같은 느낌이 들기도 합니다. 그리고 패멀라는 매우 아름다워요(저는 그렇진 않고요).　　　　　　－편지 8번

무엇보다도 〈댈러스〉는 저에게 오락거리죠. 흥미로운 텔레비전 프로그램, 비싼 옷들, 아름다운 말들. 뭔가 저녁시간에 저에게 필요한 것입니다.　　　　　　－편지 11번

저 자신을 〈댈러스〉에 투영하는 것이 정말 좋아요. 제이 알이 또 속임수를 쓰면 한 대 때려주고 싶다는 생각이 들고요. 미스 엘리는 모든 사

람들에게서 장점을 보고자 하고 그걸 끌어낼 수 있다는 점이 존경스러워요.

— 편지 13번

물론 '꼭 봐야 하는 것'은 아니지만, 〈댈러스〉는 대단하다고 생각합니다. 그 이유는 다음과 같습니다: 모든 사람들이 서로에게 친절하며 (제이 알을 제외하고) 진정한 가족의 모습을 보여주고 있다. 다들 잘 어울리고 식사도 같이한다. 재치 있는 대사. 전개가 빠르다. 미국 드라마의 특징이 나타난다.

— 편지 17번

제가 〈댈러스〉에 빠져있는 이유는 미국 것이라면 다 좋아하는 제 성향과 관련이 있습니다. 지난해 미국을 처음 방문했는데, 미국의 도시 광경을 보기 위해 〈댈러스〉를 시청하기 시작했습니다. 아름다운 아파트숲들(특히, 드라마 타이틀이 나올 때 나오는 아파트 건물이 인상적이에요), 자동차들.

— 편지 21번

〈댈러스〉의 모든 면들이 다 재미있는 건 아닙니다. 목장 부분은 별로 재미가 없어요. 가끔은 에피소드 전체에서 카우보이랑 소밖에 나오질 않죠. 그건 별로 재미없고 서부극에 관심도 없어요. 너무 마초적이기도 한데, 유잉 가의 남자들이 사냥을 가고 추격당하는 에피소드가 그런 거예요. 지루하죠. 다행히 요즘은 좀 나아졌습니다. … 전 도시가 나오는 장면들이 너무 좋아요. 댈러스에 있는 사무실 건물, 석유에 관한 대화들이 참 좋습니다.

— 편지 23번, 남성 시청자가 보낸 편지

드라마 속 상황들을 너무 잘 선택한 것 같고 서로 훌륭하게 연결되어 있습니다. 하나의 상황에서 다음 상황으로 이야기가 잘 전개되고요. 그리고 드라마 속 배경을 잘 골랐다고 생각해요(예를 들어 부유한 석유 부호 가문).　　　　　　　　　— 편지 40번, 남성 시청자가 보낸 편지

모든 사람에게 적용 가능한 〈댈러스〉의 즐거움을 설명하는 '하나의 이유'가 있는 것이 아니라는 점이 명확해졌다. 시청자들은 각자 〈댈러스〉와 특별한 관계를 맺고 있다. 텔레비전 드라마 안에서 우리에게 소구하는 것은 우리 개인의 인생사, 우리가 처한 상황, 우리가 길들여진 미적, 문화적 선호 등과 관련되어 있다.

편지를 보내준 시청자 개개인의 생각들은 물론 사적인 것들이지만 이런 생각들이 〈댈러스〉를 시청하는 '동기'와 '이유'를 직접적으로 표현한 것이라고 간주하면 안 된다. 이들의 견해는 더 심오한 심리적 보상과 성향의 지표나 징후로 간주해야 한다. 뿐만 아니라, 이들의 생각은 편지를 보내준 사람들 자신에게는 **지극히 사적으로 보일 수 있으나**, 이러한 생각들은 궁극적으로 특정한 사회문화적 방식으로 구조화된 것들이다. 따라서 우리는 시청자들의 생각 배후에 무엇이 있는지 살펴보아야 한다. 이들의 생각을 '징후적으로 해독'함으로써 단순히 개인적인 차원을 뛰어넘는 차원에서 〈댈러스〉와 관련된 즐거움을 논의해야만 한다.

시청자들이 전적으로 그들이 원하는 방식으로 〈댈러스〉를 해석할 수 있다고 말하는 것은 지나친 주장일 것이다. 왜냐하면 시청자가 즐거움을 경험하는 양상이 무한정으로 다르지는 않기 때문이다.

즐거움의 대상으로서 〈댈러스〉는 수용자들의 해석 가능한 범위에 대해 한계를 설정한다. 내가 앞서 인용한 편지의 내용을 보면, 시청 자들이 피력한 생각들은 이 드라마 안에서 주목받는 요소들, 즉 텍 스트의 속성과 관련되어 있다는 것을 알 수 있다. 이 점은 문화적 대 상으로서 〈댈러스〉가 구조화되어 있는 특수한 방식을 분석할 필요 가 있음을 말해준다.

〈댈러스〉는 주간 드라마 프로그램이다. 하나의 텔레비전 프로그 램은 텔레비전 수상기로부터 나타나는 일련의 전기 영상과 소리로 구성되어 있다. 이 영상과 소리들은 사람들이 말하는 모습, 걷는 것, 무언가를 마시는 것, 고층 아파트 숲, 달리는 자동차와 같은 무 언가를 재현(represent)한다. 이런 관점에서 보면 텔레비전 프로그램 은 **텍스트**, 즉 특수한 (영상과 소리) 기호들로 구성된 재현체계로 간 주될 수 있다. **9** 그런데 문제는 〈댈러스〉가 불연속적인 텍스트라는 것이다. 텔레비전 연속극 〈댈러스〉에서 각 에피소드는 하나의 완결 된 이야기 구조로 짜여 있고 하나의 텍스트 단위로 간주될 수 있지 만, 연속극 전체는 끝없이 이어지는 수많은 에피소드로 구성되어 있 다. 그렇다면 분석의 명료함을 위해 나는 〈댈러스〉라는 텔레비전 시리즈 전체를 불완전하며 '무한정한' 텍스트로 간주하고자 한다. **10**

하나의 텍스트는 그것이 '해독될' 경우에만 기능한다. 텍스트는 해독이라는 실천으로만 수용자에게 의미를 (또는 여러 의미들) 갖는 다. 따라서 〈댈러스〉와 시청자들이 만났을 때 이들을 연결시켜주는 원칙은 시청자들의 해독 행위이다. 그리고 이런 해독은 아무렇게나 이루어지지 않는다. 데이비드 몰리(David Morley)가 말한 바와 같이 "(하나의) 메시지로부터 의미를 얻는 행위는 명백하고 '자연스러운 것'처럼 보일지 모르지만 … 복잡한 실천(practice)이다".[11] 한 수용자가 텍스트의 의미를 이해하기 위해서는 특정한 코드와 관습을 인지하고 있어야 한다. 예를 들어 시청자들은 〈댈러스〉가 픽션 텍스트인지 다큐멘터리 텍스트인지 인식할 수 있어야 한다. 하나의 텍스트가 픽션이라는 점을 인지하기 위해서는 상당한 문화적인 지식이 요구된다. 모든 텔레비전 시리즈와 마찬가지로 〈댈러스〉는 타이틀, 배우들의 순차적 등장, 음악과 같은 힌트를 제공함으로써 텍스트에 대한 시청자의 이해를 도와준다.

어떤 텍스트건 시청자들의 관심을 불러일으키기 위한 수사적인(rhetorical) 전략들을 활용한다. 누가 보더라도 〈댈러스〉는 매우 다양한 사회적, 문화적, 심리학적 배경을 가진 수백만 명의 사람들의 관심을 끌고 드라마에 지속적으로 관여시키는 데 성공했다. 〈댈러스〉와 같은 텔레비전 프로그램이 가지고 있는 전형적이고 구조적인 특성들이 이를 가능하게 한 것이다.

캐릭터의 기능

시청자들은 어떻게 〈댈러스〉와 같은 연속극에 관여하게 되는가? 시청자들의 관여를 구성하는 속성은 무엇인가? 벨기에 미디어 이론가인 장마리 피엠(Jean-Marie Piemme)은 텔레비전 드라마 장르에 관한 저서에서 다음과 같이 주장한다.[12] 시청자들이 드라마에 관여하는 현상은 시청자들이 연속극의 '세계'에 참여하게 됨으로써 가능해진다. 그런데 이러한 참여는 저절로 이루어지는 것이 아니라 **텍스트에 의해 생산되는 것이다.**

> 연속극에 대한 … 시청자의 참여가 발생하는 이유는 이에 대한 심리적 토대가 존재하기 때문이다. 또한 이러한 심리학적 토대는 일종의 담론에 의해 활성화된다. 다른 말로 표현하자면 드라마를 지탱하는 담론의 구조가 시청자의 참여와 특정한 심리적 태도를 생산하는 것이다.[13]

따라서 텍스트의 구조는 시청자의 관여를 자극하는 필수적인 역할을 수행한다. 피엠이 더 중요하다고 지적한 것은, 어느 정도의 관여가 없다면 텔레비전 시리즈를 시청하는 것이 불가능하다는 점이다. 피엠은 다음과 같이 주장한다. "드라마를 시청하는 것은 단순히 보는 것 그 이상이다. 드라마를 시청한다는 것은 스스로를 드라마 속에 관여시키는 행위이다. 드라마를 보면서 마음을 졸이기도 하고, 캐릭터와 감정을 공유하기도 하고, 캐릭터들의 심리적 동기와 행동에 대해 토론을 하기도 하고, 그들이 맞는지 틀린지 판단하기도 한다. 다시 말하면 '캐릭터의 세계'에서 살아가는 것이라고 할 수 있다".[14] 그렇다면, 텔레비전 드라마의 텍스트 구조의 어떤 특별한 측면이 드라마에 대한 시청자들의 깊은 관여를 가능하게 하는 것일까?

상식적 차원에서 텔레비전 드라마 연속극이 가지는 매력을 설명할 때 텍스트의 구조와 그 효과들은 일반적으로 무시되고, 보통 이야기의 한 가지 요소가 드라마 시리즈의 인기요인으로 지목된다.

〈댈러스〉에 관한 논평을 예를 들면, '악역'인 제이 알의 두드러진 역할이 이 드라마의 인기요인으로 선호되고 있음을 알 수 있다. 편지를 보내준 한 시청자의 경우 〈댈러스〉의 다른 캐릭터를 선호하고 있다. "수 엘런은 확실히 제가 가장 좋아하는 사람이에요. 심리적인 측면에서 보면 그럴듯한 캐릭터에요. 그녀처럼 저도 약간 그래요 ('종종 부질없는 일을 성취하기 위해 애쓰는 것'). 저도 그녀처럼 (매력적으로) 되고 싶어요. 그래서 그녀와 동일시하게 되지요"(편지 17번).

캐릭터와 동일시하는 현상은 맥락 없이 발생하지 않는다. 시청자는 내러티브와 분리된 허구 캐릭터에게 부여된 특징과 본인 자신을 연결하지 않는다. 하나의 캐릭터는 내러티브 전반의 맥락 속에서 특별한 위치를 차지하고 있으며 내러티브 속 다른 캐릭터들과의 관계 속에서 그 캐릭터의 '성격'이 발현되기 때문이다. 다시 말하면 한 명의 캐릭터와 동일시한다는 것은 내러티브 전체구조의 틀 속에서만 가능한 것이다.

또한 시청자들의 관여라는 것은 한 명 또는 여러 명의 캐릭터들과의 상상적 동일시라는 관점으로만 설명될 수 있는 것이 아니다. 텍스트의 다른 요소들, 예를 들어 이야기가 전개되는 방식, 즉 이야기구조가 수용자들의 관여에 기여하게 된다. 하지만 그렇다고 해서 수용자의 참여를 실현함에 있어서 캐릭터들이 부차적인 역할을 수행한다는 것은 아니다. 피엠에 따르면 텔레비전 연속극에서 캐릭터들은 시청자들의 관여에 있어서 영향력을 행사하는 지점을 제공해주는 주된 내러티브 요소로 기능한다. 즉, 텔레비전과 같은 픽션 텍스트에서는 캐릭터들이 중심적인 역할을 수행한다. 캐릭터를 통해서 텍스트의 다양한 요소들(상황, 행동, 장소, 시간을 나타내는 것 등)이 의미를 갖게 되고 플롯에서 기능하게 된다. 시청자들은 캐릭터를 적극적인 주체로 상상하기 때문에 이러한 요소들이 가진 자의적인 의미는 상실되고 내러티브 안에서 특정한 의미를 획득하게 된다.

게다가 '진짜 같은' 연기 스타일은 연기자와 캐릭터 사이의 거리감을 줄여주기 때문에 시청자들은 '현실 세계의 사람'을 보고 있다는 착각을 경험하게 된다. 따라서 시청자들은 캐릭터를 드라마가 보여주는 내러티브 상황과 무관한 존재로 느끼게 되는 것이다. 즉, 캐릭터는 드라마라는 허구 세계 밖에서 독립된 삶을 살고 있을 것 같은 사람, 우리와 같은 사람이 된다. 대중 언론은 주기적으로 이러한 착각을 만들어내는 데 일조한다. 예를 들어, 남녀 배우의 이름과 캐릭터의 이름을 종종 혼용해 사용하거나 섞어서 사용하기도 한다. '래리 제이 알 해그만'같이. ◆

캐릭터를 '현실 세계의 사람'으로 상상하는 것이 시청자들이 드라마에 관여할 수 있는 필수적인 전제 조건이며 〈댈러스〉를 즐길 수 있게 되는 중요한 지점을 형성한다. 이러한 이론적 주장은 편지 속에서도 나타난다. 시청자들은 일상에서 사람들의 특징에 대해 이야기하는 것처럼 〈댈러스〉 캐릭터에 대해 이야기한다. 이때 시청자들은 캐릭터들은 〈댈러스〉의 내러티브 속에서 차지하는 위치를 바탕으로 평가하기보다는 **이들이 어떤 사람인지**에 근거해 평가한다.

이 점은 적어도 〈댈러스〉를 좋아한다고 밝힌 사람의 경우에는 적

◆ 옮긴이 주: 래리 해그만은 제이 알 역할을 한 배우이다.

용된다. 〈댈러스〉를 싫어하는 사람들의 경우에는 캐릭터와 거리감을 두려고 하는 듯했다. 그중 일부는 캐릭터의 '비현실적인' 특성에 대해 비판하기도 했다.

캐릭터 한 사람은 (이름은 잊어버렸네요) 교활한 생각과 속임수로 가득 찬 나쁜 자식이에요. 또 다른 아들은 아내와 더불어 착한 사람이죠. 제이 알(그 캐릭터 이름이 생각났네요)의 아내는 항상 '술에 취해' 방으로 혼자 들어가죠.　　　　　　　　　　　　　　　　　　　 ─ 편지 32번

제작진들은 더 많은 논란거리가 없자 디거를 미스 엘리에게 보내고, 수 엘런에게 변화를 주고, 제이 알은 수 엘런의 여동생과 한참 바람을 피우게 만들죠.　　　　　　　　　　　　　　　　　　　　 ─ 편지 36번

저는 이 드라마에 등장하는 캐릭터들이 매우 희화화되어 있는 것 같습니다. … 제이 알은 항상 제정신이 아닌 생각으로 가득 차 있죠. 늘 이를 악물고 있지요. 그는 희화화된 캐릭터라는 걸 누가 봐도 알 수 있습니다. 아! 제이 알이 얼마나 나쁜 사람인가요. 정말 심하게 과장된 캐릭터입니다. 그의 아내는 드라마 속 캐릭터 중 가장 현실과 근접한 인물입니다. 제 생각에는 그녀가 몹시 어려운 상황에 놓여있었기 때문에 작가들이 이 캐릭터를 많이 사용할 수 있었다고 생각해요. 하지만 참을 수 없는 것은 그녀가 쓰고 있는 표정이에요. '쓰고 있다'고 밖에 표현을 못 하겠어요. 마치 그녀 얼굴이 플라스틱으로 만들어진 것 같아요.
　　　　　　　　　　　　　　　　　　　　　　　　 ─ 편지 41번

이 반응들에서 놀라운 점은 시청자들이 〈댈러스〉 캐릭터들의 ‘성격’을 거부할 뿐 아니라, 캐릭터들이 특정한 방식으로 설정된 점에 대해 분개하고 있다는 점이다. 한편 〈댈러스〉를 좋아하는 사람들은 캐릭터에 대해 공감하는 내용의 편지를 썼다. 이들의 설명을 보면 본인 스스로 공감하지 않는다고 생각한 시청자들도 캐릭터에 대해 상당히 감정적으로 관여하고 있음을 알 수 있었다. 〈댈러스〉의 팬 중 한 사람은 다음 내용을 적었다.

> 사실 등장인물 다 멍청해요. 그리고 지나치게 선정적이죠. 인위적이고 진정 미국적이에요. … 그렇지만 … 유잉 가 사람들은 저보다 훨씬 더 많은 일들을 겪어야 합니다. 그들은 저보다 정서적으로는 더 풍부한 삶을 살고 있는 것 같아요. 댈러스에 사는 모든 사람들이 이 사람들을 알고 있어요. 이들은 종종 사고를 일으키긴 하지만, 아름다운 저택을 가지고 있고 이들이 원하는 모든 것을 가지고 있죠.   ─편지 21번

일부 팬들에게 캐릭터들의 성격은 너무 중요하기 때문에 편지에서 캐릭터에 관한 성격 묘사와 비판을 길게 나열했다. 이를 통해 나는 캐릭터가 시청 경험에서 얼마나 핵심적인 역할을 하고 있는지 명확히 이해할 수 있었다.

> 이게 당신(저자)이 원하는 내용인지는 모르겠습니다만 캐릭터들에 대해서 제가 생각하는 점들을 쓰겠습니다.
> **미스 엘리:** 괜찮은 여성.

자크: 비열함. 내 생각에는 자기가 원하는 것이 뭔지 정확히 알지 못하는 것 같음.

보비: 모든 장소와 사람을 존중하는 사람(제이 알만 빼고. 하지만 그건 이해됨).

제이 알: 그냥 나쁜 놈. 개인적으로 참을 수 없지만, 캐릭터로서 역할은 잘 수행한다는 점은 인정.

패멀라: 괜찮은 여성(좋은 성격의 여성이라고 생각함. 좋은 사람이지만 못되기도 함).

수 엘런: 제이 알 때문에 운이 없었지만 외도를 통해 보상받고자 함. 그녀를 그다지 좋아하지는 않음. 또 입이 험함.

루시: 자기 자신을 다소 과대평가하는 편임. 그 외에는 꽤 괜찮음(캐릭터가 좀 고지식하게 설정되어 있음).

〈댈러스〉에 등장하는 나머지 사람들에 대해서는 잘 몰라서 쓰지 않았습니다. 제가 캐릭터들에 대해 쓴 내용이 필요하면 활용하시면 좋겠네요. 필요 없으면 찢어 버리시고요.　　　　　　　　　　　　　　—편지 3번

그럼 저는 주요 캐릭터들에 대해 설명할까 합니다. 아마 당신에게 도움이 될 것 같습니다. 시작해 보겠습니다.

자크: 선의를 가진 얼간이. 다소 무례하고 냉정함. 매우 오만한 남자.

미스 엘리: 매우 착하고 섬세하고 이해심 깊고 용기 있음. 다른 말로 진정한 어머니.

제이 알: 매우 자기중심적임. 피도 눈물도 없음. 권력에 관심이 많음. 하지만 쪼잔함.

수 엘런: 그야말로 **환상적임**. 이 여성의 행동하는 방식, 입과 손의 움직임 등은 대단함. 그 역할을 잘 해내고 있음. 사랑을 원함. 고상한 척. 요약하면 진정한 여성.

패멀라: 아무 감정 없는 바비 인형. 거짓되고 매정하게 다가옴(하나의 밀랍 인형).

보비: 위와 같음.

루시: 호감 가고 순진하고 진정한 청년. — 편지 12번

캐릭터들에 관하여: 수 엘런은 확실히 제가 가장 좋아하는 사람이에요. 심리적인 측면에서 보면 그럴 듯한 캐릭터에요. … (이 드라마에 나오는 카우보이 사업이 짜증나고 그래서 더스티 역시 짜증 나긴 합니다. 하지만 수 엘런의 친구인 더스티는 그녀를 매우 사랑하기 때문에 저도 그를 좋아합니다)

미스 엘리도 괜찮아요. 예쁘고 집안에서 옳은 일이 무엇인지 늘 알고 있어요(가족들을 달래기도 하고, 본인 의사가 확고하기도 하고). 그리고 유방암 때문에 캐릭터의 깊이가 더해졌어요.

루시는 용기가 있어요. 하지만 어린놈이 사악하기도 해요.

다른 등장인물들은 캐릭터로서 그다지 많은 특징을 가지지 않는 것 같아요. 패멀라는 입을 삐죽거리는 모습이 정말 사랑스러워요. 자크와 보비는 하나도 흠잡을 것이 없습니다. 제이 알은 정말 놀랍도록 잔인해요. — 편지 17번

(비록 캐릭터에 대한 공감하는 정도의 차이는 주목할 필요가 있지만)

여기서 흥미로운 점은 캐릭터에 대해 기술한 내용이라기보다 캐릭터의 '현실성'이 판단 기준이 되고 있다는 점이다. 캐릭터가 '현실의 인물처럼' 보일수록 그 캐릭터는 더 좋은 평가를 받게 된다. 비평가들에게도 '현실성'이 캐릭터를 평가하는 기준이 된다. 유일한 차이는, 가혹한 비평가들은 대부분의 캐릭터를 '비현실적'이라고 보는 성향이 있지만, 팬들의 경우는 그렇지 않다는 것이다. 시청자들은 '과장된' 캐릭터 또는 '있음 직하지 않은' 캐릭터들을 높이 평가하지 않지만 반면에 '현실에 있을 법한' 캐릭터 또는 '심리적으로 그럴듯한' 캐릭터들은 높이 평가한다. 위에서 팬들이 진술한 내용('그가 연기를 잘하는 것을 인정할 수밖에 없네요', '캐릭터가 좀 고지식하게 설정되어 있음', '이 여성이 행동하는 방식, 입과 손의 움직임 등은 대단함' 등등)이 드러내는 것은, 시청자들은 캐릭터들이 허구임에도 불구하고 '진짜 같은 사람들'을 아주 잘 인지하고 있다는 사실이다. 즉, 시청자들은 등장인물의 허구적 요소를 최대한 없애고 싶어 한다. 이들의 관점에서는 연기자와 드라마의 캐릭터는 같은 사람이어야만 한다.

> … 저는 모든 남자 배우들과 여자 배우들이 상당히 연기를 잘한다고 생각해요. 연기라는 것을 알고 있지만, 예를 들어 저는 제이 알은 개새끼, 수 엘런은 좌절하는 여성이라고 생각해요. ─편지 18번

> … 제 생각에 이 드라마는 진짜로 좋은 연기자들을 선택한 것 같아요. 이들이 연기하는 역할에 딱 맞는 것 같습니다. 유잉 가 전원의 역할이 너무 훌륭해서 모두 진짜 사람들 같아요. 종종 영화나 연극을 볼 때 이

런 생각을 해요. '맙소사. 내가 만약 저 사람들의 입장이라면 나는 등장인물들과 다르게 반응할 것 같다.' 이렇게 본다면 드라마에서 벌어지는 일들은 비현실적인 거죠. 하지만 〈댈러스〉에서 벌어지는 일들이 실제로 일어날 수 있다는 것을 남녀배우들이 실감 나게 보여주고 있어요.

— 편지 20번

이 드라마에 참여한 사람들은 연기를 소름 끼치도록 잘 합니다.

— 편지 4번

캐릭터의 '현실성'은 시청자들에게 매우 중요하다. 드라마의 허구를 '현실적인 것'으로 경험할 때만이 드라마에 대한 시청자들의 관여가 가능해진다. 텍스트 안에서 구성된 캐릭터들이 '현실에 있을 것 같은 사람들'이라고 믿었을 때 이들을 좋아하거나 싫어하는 것, 이들과 친밀감을 느끼는 것 등이 가능해진다. 이런 방식의 관여가 〈댈러스〉를 즐길 수 있는 필수 조건이 된다.

〈댈러스〉의 (비)현실적인 속성

현실에 있을 것 같은 사람들만으로는 시청자들의 관여에 대한 설명이 충분하지 않다. 피엠에 따르면, 캐릭터가 살고 있는 허구의 세계도 현실적이어야 한다. 하지만 이 세계는 얼마나 '진짜' 같고 '현실적'인가? 이처럼 다소 모호한 개념인 '리얼리즘'이 편지 속에서 중요한 부분을 차지하고 있는 듯하다. '리얼리즘'은 시청자들이 〈댈러스〉를 평가함에 있어서 가장 선호하는 기준으로 보인다. 그리고 여기서 '현실적'이라는 것은 항상 '좋은 것'과 연관되어 있고, '비현실적'인 것은 '나쁜 것'과 연관되어 있다. 따라서 〈댈러스〉를 싫어하는 사람들이 그들이 생각하는 '비현실적'인 내용에 대해 혐오를 표현하는 것은 놀랍지 않다. 다음 내용은 몇몇 편지의 일부 내용이다.

〈댈러스〉는 세상에서 벌어지는 현실적인 문제들에 관심이 없어요. 평범한 사람들의 문제들 말이죠.　　　　　　　　　　　　—편지 31번

… 제가 보기에 이 드라마에 나오는 모든 캐릭터들은 전적으로 비현실적이에요.　　　　　　　　　　　　　　　　　　　—편지 38번

〈댈러스〉는 현실과 동떨어져 있는 프로그램이에요. 가족 전체가 한집에 살고 있다는 사실 하나만 봐도 비현실적으로 다가옵니다. 이 드라마에서 벌어지는 일들은 현실 세계의 거리에서나 실제 아는 사람들 간에는 절대 일어나지 않는 비현실적인 일들이죠. 가족들 간의 관계도 매우 이상하게 얽혀 있어요. 어떤 사람은 친형의 원수의 여동생과 결혼해 있다든지 등등.　　　　　　　　　　　　　—편지 41번

1. 일어날 법하지 않은 이야기입니다. 왜냐하면,

　　1.1. 이렇게 부유한 가문은 사생활도 없이 한집에 세 가족이 모여 살지 않습니다(적어도 서구 사회에서는).

1.1.1. 온 가족들이 아침식사를 같이합니다.

1.1.2. 휴게실을 제외하고 각 가족은 하나의 침실만 가지고 있습니다(독립된 거실이나 서재 등이 없음).

1.1.3. 가족 모두가 모든 사람들의 문제에 관심을 가집니다.

1.2. 짧은 시간에 너무 많은 일들이 벌어지고 모두 다 극적인 상황들입니다. 주요 캐릭터뿐 아니라 중요하지 않은 캐릭터들의 경우도 마찬가지입니다. 후자 때문에 이야기가 혼란스럽습니다.

1.3. 배우들은 다소 상투적인 편입니다. 특정한 역할 또는 태도를 지속해서 보여주고 있지요. 실제 평범한 사람들은 드라마 속 캐릭터들보다 더 복잡합니다.

2. 계속되는 극적 사건들 때문에 이야기 속에는 늘 어떤 긴장감이 있습니다. 하지만 과장된 것이에요. 더 현실적인 이야기에서도 긴장감이 있을 수 있는데 내용이 더 현실적이면 좋을 것 같아요. ─ 편지 42번

이와 같은 편지 내용을 보면 몇 가지 뚜렷한 함의를 발견할 수 있다. 첫째, 편지를 쓴 시청자들이 〈댈러스〉를 '비현실적'이라고 판단한 이유는 이야기 속의 세계·사건들이 〈댈러스〉 밖에 존재하는 '현실 그대로의' 세계·사건들과 일치하지 않기 때문이다. 텍스트와 독립된, 즉 텍스트 밖에 있는 '현실'이 텍스트 안에 '적절하게' 반영되었을 때 텍스트가 '현실적'이라고 말할 수 있다. 두 번째로 중요한 점은, 편지를 보내준 시청자들은 '현실'이라는 개념에 대해 각각 다른 이해를 바탕으로 이야기했다는 것이다. 일부 시청자들은 재현된 현실은 반드시 '평범한 사람들'의 사회 현실과 일치해야 한다고 말했

고(예를 들어 부자들이 경험하는 가상의 문제들이 아니라 실업이나 주택 부족과 같은 '현실적' 문제들), 다른 시청자들은 현실은 본인의 환경에 비추었을 때 '익숙한' 것이어야 한다고 말했다. 다른 시청자들에게는 현실적인 세계란 '있을 법한' 세계다. 즉, 개연성이 있고 '평범한' 세계이다. 마지막으로 텍스트가 종종 '비현실적'이라고 불리는 이유는 텍스트가 '진정한' 현실(여기서 '진정한' 현실이 무엇을 의미하는지는 정확히 모르겠지만)을 과장하거나 상투적으로 보여주기 때문이다.

여기서 알 수 있는 것은, '현실적', '비현실적'이라는 개념은 여러 가지 다른 의미가 있다는 것이다. 누가 보더라도 '리얼리즘'이라는 정의는 불투명하다. 하지만 편지를 보내준 사람들이 리얼리즘이라는 개념을 활용한 방식을 들여다보면, 그 안에 몇 가지 핵심적인 개념들이 있다. 시청자들은 그들이 판단하기에 〈댈러스〉가 현실에 대한 왜곡된 이미지를 제공하기 때문에 〈댈러스〉를 '비현실적'인 드라마라고 지칭했다. 이와 같은 리얼리즘의 정의는 텍스트 '안'과 '밖'의 현실들에 관한 비교가 중요하기 때문에 '경험주의적인 리얼리즘'(empiricist realism)이라고 부를 수 있을 것이다. ● 이와 같이 경험주의적 개념의 리얼리즘은 텔레비전 비평에 있어서 이데올로기적 기능을 수행하기도 하는데, 그 기준들은 텔레비전 프로그램들을 비판할 수 있는 주장을 제공하고 리얼리즘이라는 개념 자체를 강화시키

● 여기서 '경험주의적'이라고 말한 이유는 현실에 대한 인식이 세상에 관한 표현을 통해 얻어지기 때문이다. 다음 문헌을 참고할 것. C. MacCabe, "Theory and film: Principles of realism and pleasure", *Screen*, vol. 17, no. 3, 1976, pp. 9~11.

기 때문이다. 이런 관점에서 보면 (어떤 방식으로 정의되든지 간에) 사회적 현실을 '비현실적'으로 만드는 프로그램은 '나쁜' 프로그램이다. 이미 살펴본 바와 같이 〈댈러스〉는 이와 같은 판단의 대상이 된다.

그런데 당혹스럽게도 우리는 모순적인 상황에 직면하게 된다. 매우 '비현실적'이라는 이유로 〈댈러스〉를 싫어하는 비평가들과 일부 시청자들과 정반대로 다른 시청자들은 〈댈러스〉가 다루는 내용이 현실적이기 때문에 즐거움을 경험한다고 밝혔기 때문이다.

저는 〈댈러스〉가 최고라고 생각합니다. 이 드라마는 가족의 일상을 반영한다고 생각해요(제 생각에는).
— 편지 3번

(어쨌든 제 생각에는) 이 드라마는 매우 현실적이에요. 다른 사람들은 제가 미쳤다고 생각할지 모르겠습니다. 이 드라마에서 벌어지는 일들이 나중에 우리에게 발생할 만한 일들인 것 같습니다(이미 발생했거나).
— 편지 12번

우리는 이런 모순을 어떻게 이해할 수 있을까? 〈댈러스〉가 '현실적'인 내용을 담고 있다는 판단은 시청자들의 '허위의식' 때문인가? 아니면 다른 중요한 측면이 있는 것인가? 경험주의적 리얼리즘의 측면에서 추론하자면 이러한 편지를 쓴 시청자들은 호도되었다고 간단히 말할 수 있을 것이다. 이런 추론에 따르면 〈댈러스〉에서 '가족의 일상'은 누가 봐도 반영되고 있지 않다. 다음 편지의 내용을 보면 그렇다. "나는 도대체 왜 이 사람들이 다 한집에서 사는지 모르겠습니다!"(편지 36번) 게다가 이 드라마에서 벌어지는 일들이 '우리에게 일어날 만한 일들'이 아니라고 분명히 말할 수 있다. 〈댈러스〉에서 누적적으로 발생하는 비행기 사고, 알 수 없는 질병, 유괴 등과 같은 선정적인 사건들은 일어날 법하지 않기 때문이다. 요컨대, 〈댈러스〉가 '진정한' 현실을 반영하는 거울이라고 간주된다면 그 거울은 매우 왜곡적인 거울이며, 보다 심각하게 말하면 '현실의 일그러진 거울'임을 인정해야 한다.

하지만 리얼리즘에 대한 이러한 경험주의적 개념은 몇 가지 이유에서 문제가 있다. 나는 여기서 두 가지 어려움을 말하고자 한다. 첫째, 텍스트가 '외부 세계'를 직접적이고 즉각적으로 **복제하거나 반영할 수 있다**는 가정은 잘못된 것이다(이러한 가정은 경험주의 자체에 내재하는 문제이기도 하다). 텍스트의 모든 요소들은 선택되고 각색된 결과물이다. '현실 세계'의 많은 요소들은 텍스트를 제작하는 과정에서 원재료로 기능할 뿐이다. 경험주의적인 개념은 하나의 텍스트가 그 프로그램 제작을 둘러싸고 있는 특정한 이데올로기적, 사회적 조건들 속에서만이 실현될 수 있는 문화 생산물이라는 사실을 부인하고 있다. 또한 텍스트와 사회적 현실 사이에 왜곡 없는 거울이란 있을 수 없다. 하나의 텍스트는 '그 텍스트만의 현실'을 구성할 뿐이다. 레이먼드 윌리엄스가 지적한 것같이, "예술을 현실의 반영이라고 주장하는 이론은 모두 해로운 결과를 초래할 수 있다. … 왜냐하면 현실 세계를 다루는 예술 작업 … 예술 작품을 만드는 작업을 억압하는 기제로 활용될 수 있기 때문이다".15

두 번째 어려움은 다음과 관련되어 있다. 리얼리즘에 대한 경험주의적 개념은 〈댈러스〉를 좋아하는 많은 팬들이 이 드라마를 '현실적'인 것으로 경험하고 있다는 사실을 제대로 설명하지 못한다. 이 같은 팬들의 경험을 단순히 이들의 잘못된 해독으로 간주해야 하는가? 따라서 우리는 드라마를 '잘못' 해독한 팬을 현실에 대한 지식이 부족했다고 비난해야 하는 것인가? 하지만 〈댈러스〉에 대한 시청자들의 지배적 반응을 묵살하는 것은 결코 만족스럽지 않다. 보다 구조적인 설명이 필요하다.

〈댈러스〉와 현실 같은 착각

경험주의적인 리얼리즘에서는 내러티브가 다루는 주제별 내용들이 그 텍스트가 '현실적인' 속성을 갖는지 평가할 수 있는 가이드라인이 된다. 한편 다른 문예이론가나 영화이론가의 경우는 이야기가 전개되는 방식이 '현실 같은 착각', 다시 말하면 텍스트는 실제로 존재하는 세계를 충실히 반영하고 있다는 착각을 만든다고 주장한다. 이러한 착각은 그 텍스트가 구성되었다는 사실이 억제되어 있기 때문에 가능해진다. 피엠에 따르면 이러한 억제는 드라마에 대한 시청자들의 관여를 돕는다. '시청자들의 참여는 드라마가 담론의 생산물이라는 것을 부인할 때만 가능해진다. 드라마 생산자는 그 드라마가 생산되었다는 흔적을 억제해야만 이야기가 자연스러운 것이고, 일상적이며, 필연적인 것이라는 착각을 작동시킬 수 있다.'16 다시 말하면 시청자들이 드라마에 대해 현실 같은 착각을 느낀다고 해서 이들의 무지나 지식의 부재를 탓할 것이 아니다. 현실 같은 착각은 텍스트 자체의 형식적 구조에 의해 생산되는 것이다. 여기서 텍스트의 주제별 내용은 부수적인 역할을 할 뿐이다.

필름 이론가인 콜린 맥케이브(Colin MacCabe)는 이러한 현실 같은 착각을 불러일으키는 (문학 또는 영화) 텍스트를 '고전적 리얼리즘 텍스트'(classic realistic text)라고 부른다. 17 19세기 리얼리즘 소설이 모델이 되는 리얼리즘 텍스트에서는 이야기 그 자체가 지배적인 역할을 수행한다. ● 이야기는 시청자・독자가 내러티브에 화자가 있음을 인지하지 못하도록 전개된다. 고전적 리얼리즘 텍스트 속에서 "내러티브는 이야기되고 있다는 사실을 드러내면 안 된다. 즉, 내러티브는 담론이라는 지위를 거부해야 한다. … 내러티브는 스스로 말하고 있으며 그 자체로 완전한 이야기라는 점을 강조해야 한다". 18 요컨대, 고전적 리얼리즘 텍스트는 구성된 내러티브라는 지위를 숨기고 '스스로 이야기하는 것'처럼 보여야 한다.

영화와 관련해서는 '투명한 내러티브 영화'라는 용어가 사용된다. '투명한' 이유는 스크린이 마치 영화 속 사건들이 벌어지는 투명한 창과 같기 때문이다. 고전적・리얼리즘적 방식의 이야기 전개가 영화의 역사에서 가장 일반적인데, 고전 할리우드 영화에서 투명한 서사성이라는 관습들이 더 완벽해졌다. 그렇다면 이러한 관습들은 무

● '리얼리즘에 대한 전통적인 논쟁이 콘텐츠가 현실을 반영하는지 여부에 중점을 둔다면, 고전적 리얼리즘은 내러티브 담론이 다른 담론들에 비해 지배적인 위치를 차지하는 특정한 형식의 담론구성에 초점을 맞추고 있다.' C. MacCabe, "Days of hope: A response to Colin MacArthur", in *Popular Television and Film*, p. 310.

할리우드 영화의 이야기는 언제나 무언가를 갈구하는 개별 캐릭터들에 관한 것이다. 캐릭터들은 그들의 목적을 성취하기 위한 행동을 하지만 다른 소망과 욕망을 가지는 다른 캐릭터들의 반대에 봉착한다. 이러한 전반적 구조 속에서 원인과 결과의 관계로 얽혀 있는 일련의 사건들이 전개된다. 이러한 관계 사슬이 이야기의 뼈대를 이룬다.

이야기는 영화적으로 전개되어야 한다. 즉, 이미지와 소리로 구성된 구체적인 시퀀스들로 각색되어야 한다. 추상적인 내러티브를 구체적인 영화의 이야기로 번역하기 위해서는 셀 수 없이 많은 기술적, 미학적 수단들이 필수적으로 동원되어야 한다. 내러티브는 신들로 나누어야 하고, 신과 숏(shot)의 순서를 결정해야 하며, 촬영 장소를 물색해야 하며, 연기자들을 섭외해야 하고, 이들의 연기 스타일을 정의해야 한다. 카메라는 미장센을 특정한 방식으로 구성해야 하며 최종적으로 개별 숏들을 합쳐야 한다. 영화에서 우리가 보고 듣는 모든 것들은 내러티브에서 특정한 역할을 하는 것들이다. '의미 없는' 이미지와 소리는 군더더기이므로 삭제된다. 이와 같은 작업으로 우리 눈앞에 펼쳐지는 이야기는 어떤 종류의 매개도 없다는 착각이 발생하게 된다. 이야기하는 주체는 효과적으로 제거된다.

20세기 초부터 발전되어 온 할리우드의 영화제작과 관련된 철저한 규칙들(예를 들어 연속성 편집, 고전적 몽타주 등)은 내러티브가 (구성된 것이 아니고) 자연스럽다는 느낌을 만든다. 하지만 우리는 더 이상 이런 규칙들을 규칙들로 경험하지 않는다. 우리는 미국 영화의 지배적인 언어에 너무나 익숙해진 나머지 이것들을 영화 언어로 인식조차 하지 못한다. 이것이 현실 같은 착각을 느끼게 되는 사회문화적 배경이 된다.

텔레비전 드라마인 〈댈러스〉 역시 상당 부분 고전 할리우드의 법칙을 사용하고 있다. 드라마 속 이야기는 유잉 가의 구성원들에 관한 것이다. 이들의 욕망과 소망들이 내러티브를 이끌어나가며, 이들의 행동들(그리고 이로 인한 상호 갈등들)이 내러티브를 채우게 된다. 드라마의 전체 구성은 이들의 행동과 그 결과를 보여주는 것에 초점을 맞춘다. 내러티브는 캐릭터들이 부유하고 아름다운 목장에 사는 것으로 설정하기 때문에 이들은 고급 자동차를 운전하고 여성들은 비싼 옷을 입는다. 카메라는 독자가 이야기를 이해하는 데 필수적인 것만 묘사한다. 즉, 어떤 사건이 발생하는 장소에만 카메라가 사용된다. 하나의 신은 극적인 행동이 끝나는 순간에 종결되므로 군더더기는 없다. 그리고 다음 신들은 자연스럽게 이어진다. 시공간을 뛰어넘는 상황은 시청자들을 방해하지 않는 범위 내에서만 발생해야 한다. 그렇지 않으면 내러티브의 연속성과 일관성이 만들어내는 착각을 방해하는 결과를 가져올 수 있기 때문이다. 이러한 착각은 내러티브의 진행이 철저히 시간 순서로 이루어진다는 점에 의해 공고해진다. 시청자들은 이야기 초반에 발생하는 사건들을 후속사건 이전에 보아야만 한다(유일한 예외는 '회상 장면'이지만 캐릭터들 중 한 명의 회상이라는 점이 뚜렷이 명시되기 때문에 시청자들의 오해가 발생하지 않는다).

맥케이브와 다른 학자들에 의하면 즐거움의 기반이 되는 것은 바로 이러한 구성된 현실에 대한 착각이다. 20 영화의 텍스트성과 허구적인 속성을 부인하고 망각할 수 있는 것은 즐거운 일이다. 이러한 망각은 시청자들이 편안한 감정을 느끼도록 해주는데 그 이유는 별다른 노력 없이도 '내러티브가 자연스럽게 흘러가도록' 해주기 때문이다. 이러한 내러티브의 '투명성'은 이야기에 대한 직접적인 관여라는 감정을 생산한다. 왜냐하면 이러한 투명성은 시청자로 하여금 드라마의 이야기가 **직접 발생한 것처럼** 느낄 수 있게 해주기 때문이다. 다시 말해 이 이론에 따르자면 〈댈러스〉 안에서의 즐거움은 유잉 가와 이들 주변 사람들의 흥망성쇠 이야기가 매우 자연스럽고 의미 있게 받아들여지는 즐거움이라고 간주할 수 있다. 즉, 즐거움을 생산하는 것은 **내러티브의 형식**이지 그 내용이 아니라는 것이다.

하지만 즐거움이란 내러티브의 구체적인 내용으로부터 도출되는 것이기 때문에 위와 같은 설명은 완전히 만족스럽지 못하다. 21 시청자는 투명한 서사성만으로 텍스트로부터 즐거움을 얻지 않기 때문이다. 더욱이 시청자는 모든 투명한 내러티브 텍스트를 즐겁게 경험하는 것도 아니다. 어떤 시청자가 편지에서 진술한 바와 같이, 텍스트들 간 상이한 주제가 시청자의 관심사가 된다. "저에게 〈댈러스〉는 〈다이너스티〉와 비슷해요. 다른 미국 드라마들(〈매그넘〉, 〈헐크〉, 〈미녀 삼총사〉, 〈스타스키와 허치〉)은 별로 좋아하지 않아요"(편지 17번). 따라서, 〈댈러스〉의 즐거움은 단지 투명한 서사성이 생산하는 현실 같은 착각으로만 설명할 수 없다(비록 이러한 착각이 많은 시청자들이 즐거움을 경험하게 되는 일반적인 조건이라고 말할 수는 있겠지만). 내러티브가 무엇을 이야기하는가가 즐거움을 생산하는

데 있어서 중요한 역할을 하는 것이다.

〈댈러스〉와 '감정적 리얼리즘'

왜 수많은 팬들이 〈댈러스〉를 '현실적'이라고 부르는가? 시청자들이 드라마라는 허구의 세계에서 '현실적인 것'으로 인식하는 것은 무엇인가?

하나의 텍스트는 다양한 층위에서 해독된다. 첫 번째 층위는 표면적이고 외연적인(denotative) 층위이다. 이 층위는 〈댈러스〉 내러티브가 보여주는 분명한 내용과 관련되어 있다. 캐릭터들 간의 토론들, 행동들, 서로에 대한 반응들이 그 예이다. 시청자들은 〈댈러스〉의 외연적인 내용을 현실적으로 경험하는 것일까? 그런 것 같지 않다. 사실 〈댈러스〉를 혐오한다고 밝힌 시청자들이 이 드라마가 비현실적이라고 비판할 때 외연적 차원의 내러티브 층위에 대해 이야기하고 있었다. 이전에 언급되었던 편지의 일부를 다시 보자.

〈댈러스〉는 현실과 동떨어져 있는 프로그램이에요. 가족 전체가 한집에 살고 있다는 단순한 사실만 봐도 비현실적으로 다가옵니다. 이 드라마에서 벌어지는 일들은 현실 세계의 거리에서나 또는 실제 아는 사람들 간에는 절대 일어나지 않는 비현실적인 일들이죠. 가족들 간의 관계도 매우 이상하게 얽혀있어요. 어떤 사람은 친형의 원수의 여동생과 결혼해 있다든지 등등.　　　　　　　　　　　　　　　　　━ 편지 41번이 편지는 외연적 차원에서 〈댈러스〉 내러티브는 현실적으로 간주되지 않음을 보여준다. 〈댈러스〉에서 구성된 허구의 세계와 '실제' 세계 사이에 닮은 점들이 거의 없기 때문이다. 여기서 경험주의적 리얼리즘의 관점이 적절치 않다는 점이 다시 한 번 명확해진다. 이 관점은 내러티브의 외연적 층위에만 관심을 가지고 있기 때문에 상당히 많은 〈댈러스〉의 팬들이 이 프로그램을 현실적인 것으로 경험한다는 분명한 사실을 하나의 모순으로 간주할 뿐이다.

하지만 하나의 텍스트는 내연적(connotative) 층위로 불리는 또 다른 층위에서도 해독될 수 있다. ● 내연적 층위는 텍스트의 요소들이 불러일으키는 연상적인 의미들에 관한 것이다. 위에 인용된 내용을 써준 시청자들은 다음과 같은 내용을 적었다. '이 드라마의 좋은 점은 인간의 삶과 닮아 있다는 거예요. 너무 비현실적이기 때문에 드라마에 전혀 공감할 수 없는 것은 아니에요. 이 프로그램 드라마에는 익숙한 사물들, 익숙한 사람들, 익숙한 관계들과 상황들이 있어요'(편지 41번).

● 내연과 외연의 차이에 대해서 논의한 많은 학자 중 롤랑 바르트의 다음 저서를 참조할 것. R. Barthes, *Elements of Semiology*, Jonathan Cape, London, 1967. 바르트 이후에 많은 기호학자가 이러한 구분에 대해 도전해왔는데 그 이유는, 이러한 구분이 실제로는 존재하지 않는 '문자 그대로의' 의미와 '비유적' 의미 간의 위계를 암시하기 때문이다. 1975년 출판된 *S/Z*(Hill & Wang, New York, 1974; Jonathan Cape, London)에서 바르트는 그가 ('근대 텍스트'의 반대되는 개념으로) '고전적 텍스트'라고 명명한 것을 분석함에 있어서 이러한 구분이 여전히 유용한 것임을 주장한다. 어쨌든 분석적 차원에서 외연과 내연을 구분하는 것은 중요하다. 다음 저서도 참조할 것. S. Hall, "Encoding/Decoding", in S. Hall et al. (eds.), *Culture, Media, Language*.

이 점은 대단히 놀랍다. 같은 사물들, 사람들, 관계들과 상황들이 외연적인 층위에서는 비현실적으로 간주되지만 내연적인 층위에서는 전혀 비현실적이지 않고 '익숙한 것'으로 간주되기 때문이다. 분명한 것은 텍스트의 내연적 의미를 해독하는 과정에서 외면적인 층위는 중요하지 않다는 점이다.

그렇다면 내연적인 층위에서 〈댈러스〉를 '익숙한 것'으로 만드는 것은 무엇인가? 이 시청자가 말하는 '인간의 삶과 닮아 있는 것'은 무엇으로 구성되어 있는가?

나는 편지들 안에서 〈댈러스〉가 불러일으키는 연상적인 의미들이 무엇인지 이해할 수 있는 여러 가지 힌트를 발견했다. 시청자들은 텔레비전 드라마를 시청할 때 노출되는 수많은 이질적 기호들 중에서 특정한 것들만 선택한다. 다시 말하면 시청자들은 전체 텍스트 중에서 오직 특정한 요소들만 의미 있고 본인과 연관되어 있으며 주목할 만한 것으로 느낀다. 다시 말하면 **하나의 텍스트는 결코 총체적으로 읽히지 않는다.** 해독에 있어서는 반드시 선택의 과정이 발생한다. 《텍스트의 즐거움》이라는 저서에서 롤랑 바르트(Roland Barthes)는 다음과 같이 말했다. '훌륭한 내러티브가 주는 즐거움을 만드는 것은 독자에 의해 읽히는 것과 읽히지 않는 것의 리듬이다. … 따라서 내가 내러티브에서 즐기는 것은 그 내용이나 심지어 그 구조와 직접적으로 관련된 것이 아니라 매끈한 표면에 내가 긁어내는 부분이다. 텍스트를 읽고 뛰어넘고 다시 찾아보고 다시 빠져든다.'22 바르트의 주장처럼 편지를 보낸 시청자들은 〈댈러스〉에서 본인들이 중요하다고 생각하는 요소들만 언급했다고 말할 수 있다. 이런 요소

들은 시청자들이 느끼는 〈댈러스〉의 특별하고 즐거운 속성을 구성한다. •

많은 〈댈러스〉의 팬들은 이 드라마가 '현실적'이기 때문에 재미있다고 밝혔다. 이들의 편지로부터 왜 팬들이 〈댈러스〉를 현실적이라고 생각하는지, 보다 정확히 표현하자면, 이들이 선택하는 텍스트의 어떤 요소들이 '리얼리즘'을 만들어 내는지에 관한 힌트를 얻을 수 있었다. 다음 편지 발췌문들에서 드러난 공통된 의미에 주목해보자.

저는 다음과 같은 이유로 〈댈러스〉가 대단하다고 생각합니다. (제 생각에) 캐릭터들은 한 가족의 일상을 반영합니다. 가끔 모든 일이 다 원활하게 진행되는 드라마를 볼 때가 있습니다. 어떤 갈등도 없이 말이죠. 잘못되는 일도 없고요. 하지만 현실에서 모든 가족은 종종 다툼을 경험합니다. 배에 비유하면 늘 원활한 항해가 있는 것이 아니죠. 〈댈러스〉에는 늘 다툼이나 절망적인 상황들이 발생합니다.　　—편지 3번

제가 왜 〈댈러스〉를 좋아하는지 아세요? 그건 드라마에 나타난 문제, 음모 술수들, 크고 작은 기쁨과 골칫거리들이 우리 삶에서도 일어나는 것이기 때문이에요. 우리는 드라마의 캐릭터들처럼 부자가 아니기 때문에 이 점을 인식하지 못할 뿐이에요. 실제 삶에서도 제이 알과 같은

• 이러한 가정이 전적으로 옳은 것은 아니다. 〈댈러스〉에서는 그 중요성이 너무나 자명해서 시청자들이 더 이상 인지하지 못하는 것들이 있다. 따라서 시청자들이 언급하지 않는 것 역시 중요한 역할을 한다고 볼 수 있다. 사람들의 진술을 경험적인 연구의 단서로 활용하는 연구의 한계 중 하나이다.

끔찍한 사람을 알고 있는데 그는 평범한 건축업자입니다. 그렇습니다. 드라마 속에서 벌어지는 것들은 사실 평범한 일상의 문제들이라는 걸 알 수 있습니다. 우리가 그 문제들을 해결하는 것보다 캐릭터들이 문제를 더 잘 해결하는 모습을 보면 경이로워요. — 편지 4번

삶의 현실에 주목해야 합니다. 드라마에서의 현실은 실제 현실과 같은 방식으로 발생합니다. 특히 같은 집에 함께 사는 사람들 사이의 음모 같은 것 말이에요. 드라마와 현실 간 유일한 차이는 부(富)의 차이지요. (재정적으로나 물질적인 측면에서) 저는 부자가 아니에요.

— 편지 6번

제가 왜 〈댈러스〉를 좋아하는지, 왜 이 드라마가 역겹다고 생각하는지 말씀드릴게요. 말하자면 이 드라마의 장점은 현실에서 많은 것들을 가지고 왔다는 점입니다. 예를 들어 미스 엘리의 질병, 수 엘런의 결혼 생활 문제들 같은 것이죠. … 제가 생각할 때 역겨운 부분은 드라마 속 사람들이 겪어야 하는 지나치게 힘든 삶이에요. 이 사람은 다른 사람과 대립하고 있고 이 사람 저 사람 다 잠자리를 같이하는데 그런 것들은 정말 질려요. 하지만 주위를 돌아보면 현실은 그렇지 않잖아요. 드라마 안에서는 행복하고 서로 사이좋게 지내는 사람들은 거의 없어요.

— 편지 10번

저 역시 드라마의 몇 가지 요소가 현실적이라고 생각합니다. 수 엘런의 이야기를 보세요.

— 편지 11번

하지만 〈댈러스〉 속 이야기는 실제 벌어질 수 있어요. … 예를 들어 수 엘런과 같은 사람을 보면 너무 행복하고 마음을 사로잡힙니다. 그녀가 여러 문제와 골칫거리를 겪는 모습은 정말 설득적이에요. 그녀는 (드라마 속 캐릭터가 아닌) 진짜 사람 같아요. 저도 그녀와 같이 행동할 것 같습니다. 말하자면 말이죠. ─편지 2번

위 발췌문에서는 두 가지 점이 두드러진다. 첫 번째는 시청자들은 〈댈러스〉의 내용이 '현실로부터 가지고 온 것'이라고 생각한다는 점이다. 시청자들의 관점에서는 유잉 가에게 벌어지는 일들은 이들이 실제 삶에서 경험하는 (또는 경험할 만한) 것들과 근본적으로 다르지 않다. 두 번째는 드라마에 대한 시청자들의 '현실적인 경험'을 가능하게 해주는 기제가 무엇인지 보여준다는 점인데, 이는 더 중요하다. 〈댈러스〉를 '현실로부터 가지고 온 것들'로 인식하는 과정에서 시청자들은 텍스트의 내연적인 층위로부터 의미를 추출해낸 것으로 보인다. 시청자들이 〈댈러스〉의 현실적인 측면에 대해 이야기함에 있어서 캐릭터가 살고 있는 주거 환경(특별히 이들의 부유함이 여기와 관련되어 있다)은 그리 중요한 것이 아니다. 시청자들은 대립, 음모, 문제, 행복, 고통 등 캐릭터들이 경험하는 구체적인 상황과 복잡한 문제들을 일반적인 삶의 경험에 관한 상징적인 재현으로 여기게 된다. 이러한 맥락에서 시청자들은 〈댈러스〉를 '현실적'으로 생각하게 되는 것이다. 다시 말하면 내연적인 층위에서 시청자들은 감정적인 의미들을 〈댈러스〉에 부여한다. 이런 측면에서 우리는 〈댈러스〉의 리얼리즘을 **감정적 리얼리즘**(*emotional realism*) 으로 부

를 수 있다.

이렇게 되면, 앞서 논의한 리얼리즘에 관한 두 가지 개념(경험주의적 리얼리즘과 고전적 리얼리즘) 둘 다 〈댈러스〉 팬들이 경험하는 리얼리즘을 이해함에 있어서 만족스럽지 않은 이유가 분명해진다. 이 두 가지 접근은 매우 상반적이지만 (경험주의적 리얼리즘은 '좋은' 텍스트를 표시하고, 고전적 리얼리즘은 '나쁜' 텍스트를 표시한다) 이 둘 모두 인지적·이성적인 사고에 근거했다. 즉, 이 두 관점은 동일한 가정을 가지고 있는데 현실적인 텍스트는 '객관적'인 사회 현실에 관한 지식을 제공한다는 것이다. 우선 경험주의적 리얼리즘의 경우 텍스트가 현실에 대한 '적절한 지식'을 제공한다면 현실적이다(그리고 따라서 좋은 텍스트가 된다). 반면에 고전적 리얼리즘 텍스트는 현실에 관한 지식의 착각을 만들 뿐이므로 나쁜 텍스트이다. 하지만 〈댈러스〉 팬들이 경험하는 리얼리즘은 이러한 인지적 층위와 관련이 없고 감정적인 층위에 위치해 있다. 현실적으로 인식되는 것은 세상에 대한 지식이 아니라 세상에 대한 주관적인 경험, 즉 '감정 구조'인 것이다. •

감정 구조에서 중요한 것은 감정들이다. 따라서 감정들이 〈댈러스〉 안의 감정 구조의 형태를 인식하는 데 중요한 영향력을 주는 지점으로 작동한다. 즉, 드라마를 통해 소환되는 감정들은 시청자들이 보낸 편지에 드러나 있다. 다음 편지를 보낸 시청자는 〈댈러스〉를

• '감정 구조'(*structure of feeling*)는 레이먼드 윌리엄스가 고안한 개념이다. 그의 다음 저서를 참조할 것. *Marxism and Literature*, pp. 128~135.

지속적으로 변하는 감정의 연속으로 설명하고 있다.

> 그럼 제가 〈댈러스〉를 좋아하는 이유를 말씀드리겠습니다. 다음과 같습니다!
> 1. 드라마 안에 긴장감이 있다
> 2. 때로는 로맨틱하다.
> 3. 슬픔이 있다.
> 4. 두려움도 있다.
> 5. 그리고 행복이 있다.
> 요약하면 이 드라마 안에는 모든 것들이 있습니다.   — 편지 16번

삶에 있어서 감정은 지속적으로 요동친다는 점을 위의 편지로부터 유추해 볼 수 있다. 삶은 행복과 불행 간 끝없는 오르내림이고, 삶이란 추락하기도 하고 다시 일어서기도 하는 문제이다. 이러한 감정 구조는 **비극적 감정 구조**(*tragic structure of feeling*)라고 말할 수 있다. 비극적인 이유는 행복이 영원히 지속되는 것이 아니라 불안정하기 때문이다. 이 비극적 감정 구조 안에서 감정의 기복은 가장 중요한 위치를 차지한다. "모든 대립과 사랑을 보는 것이 기막히게 좋습니다"(편지 9번). 다툼과 사랑이라는 감정 간의 극단적인 대조야말로 이 시청자에게 매력적으로 다가온 것은 아닐까?

비극적 감정 구조에 따르면, 삶은 문제를 던져준다. 하지만 그렇다고 해서 우리의 삶이 문제들로만 구성되었다는 것은 아니다. 이와 반대로 문제는 그에 대한 해답이 가능할 때 문제로 간주된다. 즉,

더 나은 시절에 대한 희망이 있다는 뜻이다. 고통과 행복 간 대조를 다룰 때도 마찬가지이다. 따라서 일부 시청자들이 편지에서 '행복'을 강조한 점은 이상하지 않다.

제가 왜 〈댈러스〉를 매주 화요일마다 시청하느냐고요? 주로 패멀라 때문이고 그녀와 보비 간의 아름다운 사랑 때문입니다. 이 두 사람에서 따뜻한 온기가 느껴집니다. … 또 자크와 미스 엘리 사이의 관계도 훌륭하다고 생각해요. 하지만 제이 알과 수 엘런에 대해서는 거의 관심이 없어요. 유잉 가에는 별 관심이 없습니다. ─편지 8번

위의 내용을 보면 패멀라와 보비의 '아름다운 사랑'은 제이 알과 수 엘런 사이의 사랑 없는 관계에 대한 위대한 승리로 받아들여지는 것 같다. 다른 시청자에게는 사랑이 없는 상태는 심지어 일반적인 조건이기도 하다. "서로 간의 관계들과 소통 방식은 너무 냉담하고 다들 자기만의 세상에 사로잡혀있습니다"(편지 7번). 또는 한 명의 시청자가 편지에 짧고 간결하게 지적한 것같이, "삶은 결코 평탄하지 않다"(편지 6번).

현실과 허구 사이

지금까지 논의한 것들을 요약해 보자. 편지를 보낸 많은 시청자들은 〈댈러스〉의 즐거움은 드라마에 등장하는 '현실에 있을 것 같은' 캐

릭터로부터 온다고 주장했다. 이와 같은 진술을 자세히 분석해 보면, '현실적인 것'으로 경험되는 것들은 무엇보다도 프로그램에서 유발되는 감정의 구조, 즉 비극적 감정 구조임을 알 수 있다. 편지에서 〈댈러스〉를 좋아한다고 밝힌 시청자들은 드라마 속에서 자기 자신을 발견했고, 따라서 이 드라마를 '현실적인 것'으로 경험했다. 이러한 발견이 즐거움을 발생시키는 것이다. "저 자신은 〈댈러스〉를 좋아합니다. 무언가 비극적인 일들이 발생하면 눈물이 흘러나와요 (거의 대부분 에피소드에서 그렇죠)"(편지 14번).

따라서 〈댈러스〉의 리얼리즘은 **심리적 현실의 구성**에 의해 만들어지는 것이지 외적으로 인지할 수 있는 (사회적) 현실에 얼마나 부합하는지 여부와 관련된 것이 아니다. 〈댈러스〉에서는 '내적인 리얼리즘'과 '외적인 비(非) 리얼리즘'이 결합하고 있다고 주장해도 무방할 것이다. 〈댈러스〉의 허구의 세계에 관한 외적인 표현 역시 시청자들이 즐거움에 기여하지만 이는 〈댈러스〉의 리얼리즘적 가치 때문이 아니라 영상의 스타일 때문이다.

> 흥미 있는 텔레비전 프로그램, 비싼 옷들, 아름다운 말(horses), 속 편한 삶, 평화로운 주변 환경들.
> — 편지 19번

> 등장인물들이 입는 옷, 화장, 헤어스타일도 관심 있게 봅니다.
> — 편지 1번

> 〈댈러스〉에 등장하는 여성들의 의상을 보는 재미가 좋아요. — 편지 9번

별로 중요하지는 않지만 드라마를 매력적으로 만드는 많은 세부 요소들이 있습니다(!). 웅장한 저택과 아름다운 풍경들 같은 것들이요.
― 편지 2번

저는 미국의 도시 장면을 보기 위해 〈댈러스〉를 시청하기 시작했습니다. 아름다운 아파트 숲들(특히, 드라마 타이틀이 나올 때 나오는 아파트 건물이 인상적이에요), 자동차들.
― 편지 21번

이 편지들에서 언급된 〈댈러스〉의 화려한 미장센은 시청자들이 허구 세계를 보고 있다는 것을 상기시켜줄 것이다. 따라서 드라마가 현실 같다는 착각은 완전하지 못하다. 게다가 허구 세계는 무비판적으로 받아들여지는 것도 아니다. 편지들은 시청자들이 〈댈러스〉가 구성된 텍스트라는 점을 잘 인지하고 있음을 뚜렷이 보여주었다.

삶의 현실에 대해 명심해야 합니다. 〈댈러스〉 안에서도 현실의 삶과 같은 현실이 있습니다. … 비록 상황이 때때로 지나치게 과장되었다고 생각하지만요.
― 편지 6번

〈댈러스〉의 좋은 점을 말하자면 이 드라마에서 벌어지는 많은 것들이 현실 세계로부터 가지고 온 내용이라는 겁니다. 예를 들어 … 수 엘런은 결혼 문제를 가지고 있죠. 결국 과장된 측면이 있긴 하지만 본인의 어려운 상황들을 잘 이겨나갑니다. 제 생각에는 드라마 작가들이 일부러 그렇게 하는 것 같습니다. 왜냐하면 많은 남성 시청자들이 그녀를 좋아하기 때문이죠. 심지어 그녀를 도와주고 싶어 할 겁니다. 이런 호색한 같으니라고.

—편지 10번

이런 모든 발언들은 '현실'과 허구 세계 사이의 거리를 보여주고 있다. 편지를 써준 시청자들은 그 차이를 인지하고 있기 때문에 〈댈러스〉에 의해 유발되는 과도한 감정들에 빠져들 수 있는 듯하다.

드라마 속 캐릭터가 재정적인 측면에서는 부족한 것이 없지만 정신적으로 빈곤하고 고통스러워하는 모습을 보면서 종종 안도감이 들어요. 제 삶으로 돌아와서는 매우 행복함을 느낍니다. 드라마가 보여준 모든 걱정들을 보고 나니 저는 오히려 좋은 기분이 드는 겁니다. 드라마 속 인물들이 자초한 일들이잖아요.

—편지 10번

네. 드라마 속에서 벌어지는 것들은 사실 평범한 일상의 문제들이라는 걸 알 수 있습니다. 우리가 그 문제들을 해결하는 것보다 캐릭터들이 문제를 더 잘 해결하는 모습을 보면 경이로워요. 아마 드라마를 통해 저의 문제와 골칫거리를 상대적으로 바라볼 수 있거나 도피하게 되는 것 같아요.

—편지 4번

'도피'. 우리에게 분명히 익숙한 단어이고 부정적인 혐의를 담고 있다. 만약 사람들이 실제 존재하지 않는 판타지 세계에 도피처를 모색한다면 이것은 일반적으로 강함 또는 용기의 표시로 받아들여지지 않는다. 즉, '현실에 대한 감각'이 떨어진다고 받아들여질 것이다. 게다가 도피는 대중오락에 대한 공중의 담론에서 종종 등장하는 단어이다. 대중오락이 부정적인 평가를 받는 이유는 바로 대중오락의 '도피적' 특성이다. ● 이런 부정적 관점이 매우 우세하기 때문에 시청자들이 편지에서 '도피'라는 단어를 사용하는 경우 그 의미를 신중하게 해석할 필요가 있다. 과연 '도피'라는 단어가 지시하는 것은 무엇인가? 편지를 써 보내준 시청자들에게 이 단어는 무엇을 의미하는 것일까? '도피'는 현실과 판타지 사이의 완전한 분리를 가정하기 때문에 오해의 가능성이 있지만 이 둘 간의 상호작용으로 볼 수는 없을까? 한 시청자는 다음과 같이 진술했다.

제가 이 드라마를 좋아하는 이유는 이들의 문제 때문에 정신없는 것이 좋기 때문입니다. 하지만 결국 모두 다 괜찮아질 것임을 알 수 있죠. 사실 현실로부터의 도피라고 생각해요. 저는 제 자신을 현실적인 사람이라고 생각하고요, 드라마와 현실은 다르다는 것을 알고 있습니다. 때로는 저는 이들과 함께 실컷 우는 것을 정말 좋아합니다. 왜 그러면 안 되나요? 이런 방식으로 저의 다른 억눌린 감정의 분출구를 찾을 수 있습니다.
— 편지 5번

"모두 다 괜찮아질 것임을 알 수 있죠". 이 문장이 '도피'의 속성을

● 매스 커뮤니케이션 연구에서 '도피'라는 개념이 사용되는 방식에 대한 근본적인 비판에 대해 다음 저서의 제4장을 참조할 것. J. -M. Piemme, *La Télévision comme on la parle*, Labor, Brussels, 1987.

명확하게 정의해주는 핵심 문장이다. 허구 판타지로의 '도피'는 현실의 부정이라기보다는 현실과의 유희이다.[●] 이러한 유희는 허구의 것과 현실적인 것의 한계를 부여하고 이들을 유동적으로 만든다. 이러한 유희에서 허구 세계에 대한 상상적인 참여는 즐거운 경험이 된다.

저는 〈댈러스〉를 정말 좋아해요. 특히, 패멀라와 보비를 좋아하는데 (드라마 안에서는) 이들 간의 사랑은 진짜 같은 기분이 듭니다. 물론 드라마일 뿐이지만.　　　　　　　　　　　　　　　　—편지 6번

저는 다양한 캐릭터들 안에서 많은 것을 발견하려고 노력합니다. 충격적인 사건이 일어난 후에 저는 이들이 무엇을 할 것인지에 대해 상상해보지요. … 앞으로 이 드라마에서 더 많은 섹스 장면이 나올 것 같습니다. 이것이 캐릭터를 추가적으로 설명하는 하나의 측면이 될 것입니다. 더 많은 가능성이 있을 텐데 배우들의 생각이 들어가도 좋을 것 같습니다.　　　　　　　　　　　　　　　　　　　　—편지 7번

제 자신을 〈댈러스〉에 투영하는 것이 정말 좋아요. 제이 알이 또 속임수를 쓰면 한 대 때려주고 싶다는 생각이 들고요. 미스 엘리는 모든 사람들에게서 장점을 보고자 하고 그걸 끌어낼 수 있다는 점이 존경스러워요. 또한 그 세계에 있는 저 자신을 상상하면 이루 말할 수 없이 좋

● 옮긴이 주: 유희는 영문판에서 사용되는 *game*과 *play*를 번역한 것이다.

습니다. 예를 들어 '만약 수 엘런이 나에게 그렇게 말했다면 나는 어떻게 할까?' 또는 제가 〈댈러스〉와 같은 큰 도시를 뛰어다니는 모습은 어떨지 상상하는 것이 정말 좋아요.　　　　　　　　　　　 — 편지 13번

따라서 〈댈러스〉의 즐거움에 대해 이야기할 때, 허구의 것과 현실적인 것 간의 긴장은 중요한 역할을 하는 것으로 보인다. 한 시청자는 다음의 내용을 편지에 썼다. "나 자신의 삶에 있는 짜증 나는 일들과 비교해 보면 드라마 속 '마 댈러스'(옮긴이 주: 마 댈러스는 편지 쓴 사람이 지어낸 가상의 인물이다) 라는 사람이 암에 걸렸을 때 눈물을 닦아내는 것이 더 수월해서 즐겁게 시청할 수 있습니다. 배우의 연기라는 것을 알고 있기 때문이지요. 적어도 그 눈물을 닦아낼 수 있잖아요"(편지 22번). 텍스트에서 형성된 허구 세계에 대한 끊임없는 동일시와 거리두기는 편지에서 〈댈러스〉를 좋아한다고 밝힌 시청자들이 경험하는 관여의 특징이다. 하지만 여전히 하나의 질문이 남아있다. 〈댈러스〉는 어떻게 시청자들의 눈물을 만들어내고 그 '정신없음'을 만들어내는 것일까? 다르게 표현하면, 〈댈러스〉는 어떻게 시청자들이 인식하는 비극적 감정 구조를 형성하는 것일까? 이것이 다음 장에서 다루게 될 주제이다.

제 2 장

〈댈러스〉와 멜로드라마적 상상력

〈댈러스〉와 장르

〈댈러스〉와 같은 텔레비전 연속극은 구체적인 장르에 해당하는 특정한 규칙과 관습을 바탕으로 제작된다. 장르란 개별 영화 및 텔레비전 프로그램의 집합이 공유하는 복잡한 주제, 내러티브 구조, 스타일의 총체라고 이야기할 수 있다.● 우리는 이러한 규칙과 관습을 잘 알고 있고 익숙해져 왔기 때문에 개별 영화의 개성을 인지하더라도 우리가 시청하는 영화가 서부극인지, 스릴러인지 신속히 파악할 수 있으며, 영화가 어떤 방식으로 진행될 것인지 기대하게 된다. 하지만 장르에 대한 일반적인 속성은 개별 영화에 여러 한계를 부여하

● 장르라는 개념을 영화이론에서 활용하는 것에 대한 이론적인 문제와 그로 인한 결과에 대해서 다음 저서를 참고할 것. S. Neale, *Genre*, BFI, London, 1980.

는데 이것은 시청자들이 쉽게 이야기를 따라갈 수 있도록 도와주기 위함이다. 다시 말하면 장르란 하나의 공식이고 개별 장르의 영화는 그 장르의 규칙과 관습을 구체적으로 '적용한 것'이다. 이러한 적용은 어느 정도 성공적이거나 독창적일 수 있으며 새로운 장르의 가능성을 열어줄 수도 있다. 따라서 하나의 장르 영화를 분석함에 있어서 일반적인 것과 특별한 것, 정립된 구조와 특수한 적용 간의 관계를 지속적으로 주목해야 한다. 이 장에서 나는 이러한 지점에 주목해 〈댈러스〉를 분석하고자 한다.

〈댈러스〉가 어떤 텔레비전 장르로 분류되어야 하는지 탐색하기 위해서는 이 연속극의 구조적 속성을 이해해야 한다. 첫 번째로 주목해야 할 구조적인 속성은 에피소드의 캐릭터이다. 뒤에서 논의하겠지만 이 장르적 속성은 비극적 감정 구조로부터 발생하는 감정적 리얼리즘을 구성하는 데 본질적인 역할을 수행한다.

텔레비전 드라마의 에피소드 캐릭터에는 두 가지 종류가 있다. 첫째는 시리즈(series)의 캐릭터로, 시리즈에서 개별 에피소드는 내러티브의 측면에서 서로 완전히 분리되어 있다(시리즈의 주인공과 기본적인 상황은 개별 에피소드들을 연결해주는 요소이다). 시리얼(serial)의 경우에는 에피소드 간 연속되는 내러티브를 갖는다. 〈매그넘〉, 〈미녀 삼총사〉는 시리즈의 대표적인 예이고 〈댈러스〉와 〈힐 스트리트 블루스〉는 시리얼의 예이다. 따라서 원칙적으로 시리얼의 에피소드들은 순서대로 시청해야 한다. 각 에피소드의 정확한 배열을 사용해 선형적이고 되돌릴 수 없는 시간의 연속성이라는 개념을 만들 수 있기 때문이다. 물론 개별 에피소드 역시 어느 정도는 독립된 완결성을 갖춘 형태이긴 하다. 〈댈러스〉의 각 에피소드에는 드라마 전체를 관통하는 중심적인 내러티브 흐름이 있지만 각 에피소드별로 각각의 제목이 있고 시작과 엔딩 크레디트 순으로 구분되어 있다.

하지만 두 에피소드 사이의 시간이 내러티브적 측면에서 그리 중요하지 않은 시리즈와 달리, 시리얼에서는 두 에피소드 사이의 시간이 — 비록 상상된 것이라고 하더라도 — 시청자들이 내러티브를 경험함에 있어서 중요한 역할을 수행한다. 텔레비전 시리얼의 형식적 특성에 대한 요약문에서 크리스틴 게러티(Christine Geraghty)는 "하나의 에피소드가 끝나면서 사라지는 시리얼의 캐릭터들은 다음 에피소드가 시작될 때까지 '녹화되지 않은 존재감'을 가지게 된다"고 주장했다.[1] 따라서 텔레비전 시리얼은 시간의 역사성에 소구하게 된다. 즉, 시리얼은 캐릭터들의 삶이 에피소드 사이의 공백기 동안 지속된다는 느낌을 만들어 낸다. 따라서 에피소드 사이에 '기록되지 않은 성장'이 이루어지고 있다는 생각이 시청자에게 유발된다.

그런데 이러한 감정은 하나의 에피소드가 끝날 무렵 그럴 만한 가능성을 제공할 때만 가능하다. 시리얼에서 한 에피소드의 결말 대부분은 이른바 '손에 땀을 쥐게 하는 상황'이라는 형태를 가진다. 내러티브는 매우 긴장된 순간에 종료되는데 이는 시청자로 하여금 다음 이야기가 어떻게 진행되는지 궁금하게 만들어 다음 에피소드를 시청하도록 유도한다. 초기 영화 시리얼에서 이와 같이 긴장된 상황은 주로 갑자기 멈춘 행동으로 구성되었다. 예를 들어 악당이 주인공을 벼랑 끝에서 밀어버리겠다고 위협하는 그 순간에 마치 시청자들을 약 올리는 것처럼 '다음 회에 계속'이라는 문구가 스크린에 나타난다. 그다음 에피소드는 같은 이야기 속 같은 행동으로부터 시작된다. 이런 상황에서 두 개의 에피소드 사이에 상상의 연결고리가 생기는 것은 당연하다.

이러한 종류의 '손에 땀을 쥐게 하는 상황'은 텔레비전 시리얼에서는 자주 나타나지 않지만 예외적으로 〈댈러스〉에서 종종 나타난다.2 제이 알의 목숨을 노리는 장면으로 마무리되거나, 사우스포크가 화재로 불이 활활 타오르는 장면으로 끝나는 에피소드들이 그렇다. 하지만 대부분의 경우 〈댈러스〉에서 활용되는 것은 심리적 긴장 상황이다. 에피소드는 캐릭터 중 한 명이 심리적으로 대립하는 상황에 새롭게 처하는 순간 끝을 맺는 경우가 가장 일반적이다. 에피소드의 마지막 화면은 관련된 캐릭터의 얼굴을 클로즈업하는 장면이 대부분을 차지하는데 이 화면은 그(녀)가 처한 심리적인 갈등 상황을 강조한다. (반드시 바로 다음 에피소드일 필요는 없지만) 시청자들은 이후의 에피소드들에서 이 캐릭터가 갈등 상황을 어떻게 다루는지 보게 되는데, 다음 에피소드 방송 전까지 현실 속 시간과 일상은 평상시처럼 흘러간다. 다음 에피소드는 통상적으로 새로운 날부터 시작한다. 이런 구성은 시청자들로 하여금 〈댈러스〉 안에서의 시간이 시청자들이 살아가는 시간과 대략적인 보조를 맞추고 있다는 감정을 느끼도록 해준다. 이러한 측면은 댈러스에 살고 있는 유잉 가 사람들의 삶 역시 우리 자신의 삶처럼 흘러간다는 '일상적 리얼리즘'이라는 특수한 속성을 만드는 데 기여한다.

이러한 일상적 리얼리즘을 만들어내는 〈댈러스〉의 더 중요한 요소는 내러티브의 끝이 없다는 점이다. 〈댈러스〉의 내러티브 구조는 장편 영화나 〈코작〉(미국 범죄 드라마), 〈로 그랜트〉(미국 드라마) 시리즈가 가진 에피소드 구조와 완전히 다르다. 고전 내러티브 이론에서 내러티브는 질서, 질서의 혼란, 질서의 회복이라는 도식을 따른다. 하나의 내러티브는 '유사하지만 동일하지는 않은 평형 상태들 간의 이동'으로 구성된다.3 결국에 시작 상황에서의 균형을 방해했던 모든 문제들은 해결된다. 하지만 이러한 내러티브의 구조는 〈댈러스〉와 같이 끝없이 방영되는 텔레비전 시리얼에서는 작동하지 않는다. 각 에피소드에서 문제들이 해결된다고 하더라도 이후 에피소드들의 시작이 되는 새로운 문제가 발생하고 이런 형태가 계속 반복된다.

'내러티브의 종결이 부재한' 시리얼의 속성은 텔레비전 픽션의 특정 장르인 연속극(soap opera)의 전형적인 특성이다. 연속극은 1920년대에 미국의 (주로 여성) 라디오 프로그램 제작자들이 '발명하고' 발전시켜 온 오래된 장르이다. 연속극은 라디오에서 단시간에 가장 인기 있는 오락형태 중 하나로 발전했는데, 사람들 간의 관계, 가정생활과 일상생활에 초점을 맞춘다. 캐릭터가 논의하고 해결하는 문제들은 집, 정원, 주방에 관한 것들이다.4 비누(soap) 생산자들이 주로 연속극의 스폰서가 되었기 때문에 '소프'(soap)라고 불린 연속극은 우후죽순으로 늘어났으며 거의 매일 방송되기 때문에 (특히, 주부들 사이에) 충실한 추종자들을 만들어냈다. 라디오 연속극은 외롭게 지내는 가정주부들을 위한 일종의 (대리) 친구가 되어주었다는 주장이 있다. 주부들이 다리미질이나 요리 혹은 다른 집안일을 하는 동안 좋아하는 연속극을 들었기 때문이다.5

텔레비전의 등장과 더불어 연속극은 미국 라디오 방송사에서 사라졌지만, 이 장르는 텔레비전이라는 새로운 미디어에서 새롭게 번창했다. 연속극이 미국만의 현상은 아니지만(영국, 호주, 브라질 텔레비전에서는 자체적으로 발전한 형태의 연속극들을 풍부하게 제공했다) 네덜란드 텔레비전에서는 전적으로 생소한 것이었다. 1970년대 네덜란드 텔레비전에서 〈페이튼 플레이스〉(미국 황금 시간대 연속극)와 〈코로네이션 스트리트〉(영국 연속극)가 방송되었는데 이 드라마들은 많은 인기를 누렸다. 하지만 미국의 '낮 시간 연속극'(공식적으로 이렇게 불렸다)은 네덜란드에서 방송되지 않았고, 주로 지적인 수용자들이 높게 평가한 〈메리 하트먼! 메리 하트먼!〉, 〈소프!〉와 같은 연속극 패러디만 방송되었다. 그런데 〈댈러스〉를 통해 네덜란드 텔레비전 시청자들은 또 다른 미국 연속극을 접한 것이다.

하지만 〈댈러스〉는 낮 시간에 하는 연속극이 아니었다. 〈댈러스〉는 〈페이튼 플레이스〉처럼 황금 시간대에 방송하기 위해 제작되었다. 이 점은 중요한 차이를 만들어 낸다. 낮 시간에 방송되는 연속극에 비해 〈댈러스〉는 영상에 상당히 많은 신경을 쓰고 있다. 라디오 연속극에서 등장할 것 같은 캐릭터가 등장하고 영상적인 요소가 최소화되는 낮 시간 연속극과 달리 (상황이 발생하는 장소가 매우 한정적이고 카메라 워크도 매우 단순하다) 〈댈러스〉는 매우 세련되어 보인다. 황금 시간대 방송되는 프로그램에게 일반적으로 적용되는 높은 기술적 완성도를 위해 영상 전문가들이 제작에 참여한다. 로케이션의 영상적인 매력, 스타들이 입는 의상 등에 많은 관심을 기울인다. 이 점은 〈댈러스〉의 전 세계적인 인기를 설명함에 있어 간과

할 수 없는 중요한 맥락이다. 미국 텔레비전(그리고 영화)의 패권으로 인해 전 세계 시청자들은 미국 프로그램의 완성도와 미장센에 길들여져 왔다. 광활한 대초원, 대도시들, 값비싼 인테리어로 장식된 거대한 주택, 빠른 속도로 달리는 고급차들, 그리고 건강미가 넘치고 잘생긴 남녀, 백인, 너무 어리지도 않고 그리 늙지도 않은 사람들 등이 그것이다. 이러한 이미지들은 단지 '미국적인 것'만을 보여주는 기호가 아닌, 영상적인 즐거움 그 자체가 되었다. 지난 수년간 텔레비전 시청자들은 이러한 영상에 익숙해졌고 이를 즐기는 성향을 보이게 되었다. 많은 시청자에게 미국적 이미지들은 이야기가 긴장감이 넘치고 흥미롭다는 일종의 신호로 기능하는 듯하다. 사이먼 프리스가 이야기한 바와 같이 "영화와 음악으로 경험되는 미국은 그 자체로 소비의 대상이자 즐거움의 상징이 되었다". 6

〈댈러스〉가 황금 시간대에 방송되는 프로그램이라는 사실은 내러티브 내용의 구조에도 영향을 미친다. (주로 가정주부들, 연금 받는 노인들, 실업자들이 가장 큰 시청자 집단을 형성하는) 아침 또는 오후 시간대와 달리, 황금 시간대는 주로 온 가족이 텔레비전을 시청하는 시간대이다. 따라서 인기 있는 프로그램은 적어도 미국 텔레비전 산업의 상업주의적 논리에 따라 가족 전체에 소구해야 한다. 이 점은 〈댈러스〉가 광범위한 대중 수용자들의 관심을 얻기 위해 서부극과 같이 다른 장르의 테마를 활용하고 있다는 점을 설명할 수 있다. 일반적인 낮 시간 연속극에 비해 남성 캐릭터들과 사업과 같은 남성적인 테마가 〈댈러스〉 안에서 훨씬 더 중심적인 역할을 하고 있다는 점도 이와 관련되어 있다. 7 따라서 〈댈러스〉는 전통적 의미의 연속극은 아니다.

황금 시간대 연속극 〈댈러스〉

〈댈러스〉와 낮 시간 연속극 사이에 존재하는 차이에도 불구하고 이들 간에는 구조적인 공통점이 충분하기 때문에, (미국 텔레비전 백과사전이 표시한 것처럼)8 〈댈러스〉는 '황금 시간대 연속극'이라고 부를 수 있다. 첫째, 〈댈러스〉와 낮 시간 연속극은 내러티브 구조에 있어서 결말이 없다는 속성이 유사하다. 연속극의 매 에피소드는 항상 동시다발적으로 일어나는 수많은 내러티브들로 구성되어 있다. 각 에피소드에는 이들 중 하나의 내러티브가 가장 강조되는데, 다른 내러티브들은 '부글부글 끓고 있다가' 다른 에피소드에서 절정에 달한다. 한 시청자는 다음과 같은 내용을 편지에 썼다.

저는 〈댈러스〉를 상당히 정기적으로 보는데 그 이유는 자유로운 연속극이기 때문입니다. 무슨 말이냐 하면, 작가가 매 에피소드에서 어떤 방향으로도 갈 수 있다는 것이죠. 한 번은 보비가 중심적인 캐릭터이고 그다음에는 제이 알 또는 수 엘런 또는 이 '커다란' 가족 중 한 명이 될 수 있습니다.
　　　　　　　　　　　　　　　　　　　　　　　　　　─ 편지 5번

이러한 의미에서 하나의 연속극은 불규칙한 리듬으로 끝없이 오르락내리락하는 작은 내러티브들이라고 할 수 있다. 연속극의 이런 속성은 왜 많은 시청자들이 〈댈러스〉를 싫어하고 이 드라마가 지루하다고 생각하는지 설명해준다. "저는 〈댈러스〉를 볼 때마다 어떤 일이 벌어지는지 궁금합니다. 하지만 드라마가 끝나고 더 많은 질문들이 제기되지요. 저는 이런 점이 정말 바보 같다고 생각합니다"(편지 37번). 하지만 이러한 '지루함', 이야기가 꾸준히 지속되는 것, '중간이 무한정으로 늘어지는 것'9이야말로 하나의 장르로서 연속극이 갖는 필수 요소이다. 따라서 〈댈러스〉를 좋아하는 사람들은 암묵적으로 이 장르의 관습에 동의하는 것이다. 즉, 드라마의 완전한 종결을 기대하는 것이 아니라 드라마가 끝없이 지속되는 것(또는 이에 대한 약속)이 즐거움의 원인이 된다. 한 시청자는 편지에 "아무리 봐도 지겹지 않아요"(편지 9번)라고 말했다. 실라 존스턴(Sheila Johnston)에 따르면, 드라마에 관여하게 되는 가장 큰 이유는 내러티브의 긴장감에 있는 것이 아니라 (텔레비전의 다른 대중 장르와 마찬가지로) "복잡한 허구 세계를 창조해 내고 점진적으로 견고하게 만드는 것"10에 있다. 따라서 〈댈러스〉의 반복되는 속성은 팬들에게 매우 중요하다.

같은 캐릭터들을 계속해서 볼 수 있어서 좋습니다. 이를 통해 드라마에 더 많이 관여할 수 있지요. 적어도 저는 그렇게 생각해요. 텔레비전을 볼 때 저 역시 일정 부분 유잉 가에 속한 사람이라는 생각을 갖게 됩니다. 왜냐하면 이 사람들을 너무 많이 봤거든요. 이 캐릭터들이 너무 익숙한 나머지 모든 사람들의 캐릭터 속에 들어가 볼 수 있어요. 이들에 대해 하나부터 열까지 알 수 있어요.　　　　　　　　　　　ー편지 20번하지만 연속극의 구조에 있어서 다른 전형적 속성들이 있는데 〈댈러스〉에도 해당된다. 여러 개의 내러티브가 동시에 존재할 뿐 아니라 서로 영향을 주면서 교차하기도 하고, 때로는 관련 없이 평행으로 진행되기도 한다. 한 명의 (또는 소수의) 주인공이 있는 것이 아니라 여러 주인공이 내러티브에 관련된다는 것 또한 연속극의 중요한 측면이다. 〈댈러스〉에 등장하는 주요 캐릭터 중 9명이 내러티브의 관점에서 가장 중요한 위치를 차지한다고 말할 수 있다. 언론에서는 제이 알이 〈댈러스〉의 주인공이라고 간주하곤 한다. 비록 제이 알의 행동들이 내러티브를 끌고 나감에 있어서 중심적인 역할을 종종 수행하지만 다른 모든 캐릭터들은 부수적인 역할을 한다고 축소하는 것은 〈댈러스〉의 내러티브가 가진 다차원적인 측면을 잘못 판단하는 것이다. 더욱이 제이 알을 주인공이라고 간주하는 것은 남성적 편견에서 기인한 특별한 해독양상일 뿐이다. 편지를 보낸 많은 시청자들에게 제이 알은 그렇게 중요한 인물이 아니며 시청자들은 그에게 큰 관심을 가지지 않았다.

사실 연속극의 통일성은 캐릭터들에 의해 만들어지는 것이 아니라 이들이 살고 있는 공동체에 의해서 만들어진다. 댈러스라고 하는 공동체 안에서 각각의 캐릭터는 특정한 위치를 차지하고 있다. 이 공동체는 다양한 캐릭터들에게 허용되는 행동의 가능성을 결정하고 있는 것으로 보인다. 캐릭터들 그 누구도 이 공동체의 '규칙'을 벗어날 수 없다. 이런 의미에서 연속극이라는 공동체는 마을, 거리, 병원과 같은 갇힌 공동체이다. 비록 새로운 캐릭터가 공동체에 들어올 수 있지만 입장과 동시에 그 공동체의 법규와 논리의 지배를 받는다.

〈댈러스〉에서 유잉 가는 그 공동체의 중심을 형성하고 있다. 시리얼의 시작에서는 자크, 미스 엘리, 제이 알, 수 엘런, 보비, 패멀라, 루시가 '아버지', '어머니', '아들', '며느리', '남편', '아내', '손녀'로서 가족 내에서 바꿀 수 없는 확고한 구조적 위치를 갖는다. 물론 극의 후반부에서 가족 내 위치가 변하기도 한다. 예를 들어 수 엘런은 제이 알과 이혼하고 다시 그와 결혼을 한다. 레이 크랩스의 경우 초반에는 이 가족의 구성원이 아니었지만 나중에 자크의 (사생아로 태어난) 아들임이 밝혀지고 갑작스럽게 이 가족에 속하게 된다. 하지만 가족 자체 안에서 위치들이 확고하다는 사실은 남는다. 가족은 판단의 가장 중심적인 기준이다. 〈댈러스〉의 내러티브 구조를 분석한 질리언 스완슨(Gillian Swanson)에 따르면, "가족으로서의 정체성이 가장 중요한 기준이 되어 이를 중심으로 관계가 만들어지고, 그에 따라 캐릭터들이 정의되고 사건이 형성된다."11

유잉 가는 〈댈러스〉라는 더 큰 공동체 안에 있는 하나의 공동체이다. 이 가족에 속하지 않는 다른 캐릭터들은 더 큰 공동체 안에 소속된다. 이들 캐릭터 중 클리프 반스가 가장 중요하다는 점은 분명하다. 유잉 가를 방해하기 위해 노력하는, 더 큰 공동체 안에 있는 반대 세력을 상징하기 때문이다. 따라서 공동체 전체로서는 결코 조화롭지 않다. 오히려 갈등과 다툼이 일상적이다.

이 점은 연속극의 세 번째 특징, 즉 이야기의 테마와 관련되어 있다. 연속극은 공동체 안에 살고 있는 캐릭터 각각의 삶을 따라가지만 이들 삶 전체에 관심을 두는 건 아니다. 달리 말하면, 연속극은 캐릭터들의 모든 행동과 경험을 보여주지 않는다. 연속극은 선택적인 속성을 가진다. 연속극은 캐릭터들에 대해 많은 것을 이야기하지만, 이들이 살아온 역사의 많은 부분은 이야기하지 않는 채로 남겨둔다. 연속극에 대한 익숙한 불만은 사회적 관련성이 부족하다는 점이다. 즉, 사회적인 문제들과 갈등들이 짧게만 다루어지고 적절하고 체계적인 방식으로 다루어지지 않는다는 것이다. 하지만 이러한 비판을 표출하는 사람들은 사회적 현실에서 중요하다고 생각되는 질문들을 배제하거나 삭제하는 것이 연속극이라는 장르가 가지는 기능이라는 점을 간과한다. 다시 말하면 연속극이 일반적으로 사회, 문화적으로 참고할 만한 구체적인 것들을 무시하는 이유는 연속극이 관심을 두는 삶의 측면이 다른 장르와 완전히 다르기 때문이다.

샬럿 브런스던(Charlotte Brunsdon)에 따르면, 연속극의 이데올로기적 특징은 내러티브의 사건들이 '개인적인 삶'이라는 관점에서 의미를 갖는다는 점이다. 구체적으로 말하면, 개인의 삶은 개인적 관계들로 실현된다. 이러한 관점은 연애, 가족, 이에 수반되는 의식들(예를 들어 출생, 약혼, 결혼, 이혼, 죽음)의 재현을 통해 구성되는 것으로 이해할 수 있다.12 하지만 이는 소위 사적 영역의 삶만 재현된다는 것을 의미하지 않는다. 공적 영역에서의 질문들 역시 제기되는데, 공적 영역에서의 질문들이 다루어지는 방식과 의미를 갖게 되는 방식은 항상 사적 영역에서의 관점에서 이루어진다는 점을 주목해야 한다. 브런스던은 "연속극에서 벌어지는 활동은 가족이나 유사 가족 제도에만 제한되지는 않는다. 하지만 개인적인 차원에서의 재현으로 공적이고 남성적인 영역을 탐색한다"고 주장했다.13 따라서 〈댈러스〉에서 유잉 정유와 관련된 사업상 문제들은 유잉 가의 구성원들 간의 상호 관계로 인한 결과라는 관점에서 조명된다. 클리프 반스가 하는 일의 동기는 (처음에는 정치인이자 변호사로서, 나중에는 사업 경쟁자로서 걱정하는 소유자이자 경영자로서) 유잉 가에 대한 복수라는 하나의 지배적 동기로 축소된다. 요약하면, 연속극의 세계 안에서는 공적 영역에서 발생하는 모든 종류의 사건들과 상황들은 개인적 차원에서의 문제와 복잡한 상황을 야기하는 차원에서 발생한다.

하지만 놀라운 점은 이러한 문제들과 복잡한 상황이 매우 터무니없는 형태를 취한다는 것이다. 연속극에서 개인적 삶은 갈등과 재앙들로 가득 차 있는데 이는 말도 안 되게 과장되어 있다. 살인, 살인 혐의, 결혼 위기, 간통, 알코올 중독, 희귀병, 유산, 강간, 비행기 사고, 자동차 사고, 유괴, 부패, 정신과 치료 등과 같은 선정적인 사건들이 〈댈러스〉에서 벌어졌다. 연속극의 이와 같은 속성, 즉 끔찍한 위기들이 끊임없이 쌓이는 것이야말로 비평가들이 도무지 이해할 수 없고 한심하다고 생각하는 것들이다. 예를 들어 네덜란드의 유명한 의사이자 작가는 〈댈러스〉에 대해 다음과 같이 한탄한 바 있다. "나는 이 드라마 속 사람들이 참고 견디는 것을 보면 대단히 존경스럽다. ⋯ 나는 저런 스트레스의 10분의 1만 받아도 정신병원에 누워있을 것이다".[14]

요약하자면, 황금 시간대 연속극인 〈댈러스〉는 낮 시간에 방송되는 연속극의 이데올로기적 특성과 내러티브 구조를 사용함과 동시에, 황금 시간대 방송되는 프로그램의 특징인 영상 스타일과 화려함을 결합했다.

멜로드라마 〈댈러스〉

지금까지 우리는 연속극으로서 〈댈러스〉가 가지고 있는 가장 중요한 형식적 속성들에 대해 설명했다. 이제부터 나는 이러한 형식적인 구조가 비극적 감정 구조(즉, 이전 장에서 밝힌 바와 같이 시청자들이 〈댈러스〉로부터 읽을 수 있는 의미들의 집합체)를 형성함에 있어서 얼마나 중요한지 설명하고자 한다. 〈댈러스〉에 관한 포괄적 의미로서 비극적 감정 구조는 텍스트의 내연적 층위로부터 발생하는데, 모든 시청자들이 동일한 내연적 의미를 프로그램에 부여하지는 않는다. 달리 말하자면 비극적 감정 구조는 연속극 텍스트가 형식적으로, 이데올로기적으로 구조화되는 방식에 의해 유발되지만 이런 의미가 실질적으로 부여되는지 여부는 시청자들의 문화적인 성향에 달려있다. 즉, 시청자들이 연속극에 대해 가지고 있는 기대감, 연속극 장르나 텔레비전 전반에 대해 가지고 있는 태도, 텔레비전이 시청자들의 삶에서 차지하고 있는 위치 등에 달려있다. 다음 장에서는 〈댈러스〉가 시청자들에게 상당히 다른 반응을 유발하고 있음을 논의할 예정이다. 〈댈러스〉의 비극적 감정 구조는 비웃음이나 조롱을 유발할 수도 있다. 게다가 시청자는 프로그램을 시청할 때마다 같은 감정을 느끼지 않을 것이다. 한 번은 비극적 감정 구조에 사로잡히고, 다른 경우에는 텍스트에 대해 좀더 조롱적인 태도를 취할 수도 있다. 즉, 텍스트에 대한 동일시와 거리두기를 번갈아 할 수 있다는 것이다. 정리하자면, 비극적 감정 구조가 〈댈러스〉의 자연스러운 속성처럼 내재되어 있는 것은 아니다. 비극적 감정 구조는 〈댈러스〉의 일부 팬 집단들에게 중요한 의미들의 집합체로, 이들에게는 일상을 비극적으로 들어다보는 것이 논리적이고 의미 있는 것이다.

감정을 휘젓는 것이 중요한 목적인 문화 장르들을 일컫는 이름이 있다. 바로 '멜로드라마'이다. 멜로드라마는 우리 문화에서 높이 평가되지 않는 드라마의 한 형태이고 대부분 '멜로드라마는 선정적이고 인위적으로 짜인 드라마로, 황당한 사건을 위해 인물에 대한 묘사를 희생하고, 수용자들의 감정에 선정적으로 소구하며, 해피엔딩 또는 도덕적인 메시지로 끝나는 속성을 지닌다. '15 모든 연속극과 그 속성이 멜로드라마적인 것은 아니다. 영국의 연속극 〈코로네이션 스트리트〉의 경우는 좀더 사회현실적인 속성을 가진다. 16 하지만 대부분의 미국 연속극들은 분명히 멜로드라마적인 특징을 가지고 있고 〈댈러스〉도 마찬가지인데 이에 대해 보다 자세히 논의하겠다.

멜로드라마가 우리가 살아가는 현실을 표현하는 중요한 문화적 형태라는 점을 받아들이도록 설득하기는 쉽지 않다. 왜냐하면 현재 통용되는 개념에 따르면, 멜로드라마는 공중의 감정들을 잘못된 방식으로 이용하기 때문이다. 즉, 감정을 쥐어짜는 효과가 연속극의 유일한 목적으로 인식되고 있다. 사람들은 멜로드라마는 실패한 비극이라고 말하기도 한다. 플롯은 너무 과장되고 지나치며 이야기는 황당하고 신뢰성과 합리성이 결여되어 있다. 멜로드라마에 등장하는 캐릭터들은 과격한 감정에 사로잡혀 있기 때문에 성찰이나 지적인 거리두기 또는 상대적으로 바라보기를 위한 여력이 없다.

멜로드라마에 대한 부정적인 태도들이 만족스럽지 않은 이유는 이와 같은 설명에 내포된 가치 판단이다. 멜로드라마는 19세기 초부터 인기를 누려왔던 문화 형태이다. 특히, '대중' 계급들이 즐겼기 때문에 열등한 문화라는 지위를 차지했다. 멜로드라마는 캐릭터에 대한 깊이를 부여하는 것을 희생하는 대신 플롯을 적극적으로 활용하기 때문에 기성 중산층 계층이 즐기던 문학과 문예 중심의 유럽 문화의 관점에서는 '진부함으로 가득 차고', '지루하다'고 무시당했다. 하지만 이러한 가치 판단은 일방적이라고 볼 수 있는데, 그 이유는 유럽의 문학 전통을 절대적인 규범으로 여기고 있을 뿐 아니라 멜로드라마의 외면, 즉 표면만을 보고 있기 때문이다. 문학의 규범들을 멜로드라마에 적용하는 것은 **고조된 플롯과 부풀려진 감정들이 가지는 기능**을 무시하는 것이다. 하지만 멜로드라마의 매력을 드러내는 것은 바로 이 기능이다. 외적으로는 멜로드라마가 선정적인 것을 단순하고 편리하게 좇는 듯하지만 이러한 구조 안에 이 장르의 강점이 존재한다.

〈댈러스〉 역시 선정적인 성향이 강하다고 볼 수 있다. 유잉 가의 삶에서 위기는 적어도 '현실'의 삶과 비교했을 때 놀랍도록 빠른 속도로 진행된다. 이런 플롯 구조는 언뜻 보았을 때 순전히 선정적으로 보일 수 있으나 〈댈러스〉라는 허구 세계 안에서는 전혀 선정적인 것이 아니다. 오히려 이러한 플롯 구조는 연속극에 있어서 지극히 정상적이다. 좀더 강하게 표현하자면, 연속극은 살인, 법정 투쟁, 혼외 관계, 중병이 없으면 존재할 수가 없다. 연속극이라는 장르는 이렇게 과장된 사건들로부터 강한 힘을 얻는다. 적어도 이는 미국의 텔레비전 비평가인 호레스 뉴컴이 제시한 관점으로, 그는 "연속극의 세계에서는 이야기가 전혀 선정적이지 않다는 사실은 연속극의 중요성에 대한 실마리를 제공한다"고 말한다. 17 연속극의 세계에서 캐릭터들은 마치 모든 비극적인 것들이 삶에서 지극히 정상적인 것처럼 온갖 종류의 끔찍한 일들을 겪는다. 이런 플롯의 구조는 '인간의 고통'을 매우 강조한다는 점에서 중요하다. "연속극 플롯들의 핵심을 형성하는 대부분의 문제들은 정신적이거나 감정적인 고통의 영역에 있다고 설명할 수 있다"고 뉴컴은 말한다. 18 그리고 내러티브를 지극히 과장되게 극화(劇化)시키지 않으면 이러한 고통을 표현하는 것이 불가능한 것처럼 보인다.

이는 창의성과 섬세함이 부족한 결과일까? 나는 멜로드라마 연속극의 작가 개인들에게 퍼붓는 비난은 이 장르가 가지는 문화적 특수성에 대한 통찰력을 제공하지 못한다고 믿는다. 왜냐하면 이러한 비판은 연속극이 가진 과장된 플롯의 구조적인 기능을 무시하기 때문이다. 과장된 플롯들은 모든 개인들이 삶에서 종종 겪는, 우리 주위에 만연해 있고 설명하기 어려운 '삶 속의 고통'을 상징적으로 표현한 것으로 간주할 수 있다. 즉, 과장된 플롯은 '삶 속의 고통'을 위한 은유로 작용하는 것이다. 또 연속극 안에서 같은 종류의 플롯으로 되돌아가거나 같은 종류의 내러티브 상황이 발생하는 사실 때문에 연속극에 독창성이 결여되어 있다고 비판하면 안 된다. 왜냐하면 연속극은 독창성을 추구하는 장르가 아니기 때문이다(개인의 창의성을 바탕으로 한 독창성은 중산층의 문학적 가치이며 연속극과 같은 대중 장르에 적용될 수 있는 것이 아니다). 나는 다음과 같이 주장하고자 한다. 반복되고 과장된 플롯과 상황이 지배적이며 우리 문화 속 '삶의 고통'에 대한 은유로서 유행인 이유는, 공중의 상상력에 직접적으로 이야기하는 것들이기 때문이다.

연속극과 같은 대중 픽션 양식이라는 구조 안에서 커다란 결과를 가져오는 유괴, 결혼에 관한 극적인 사건, 우연한 만남 같은 과장된 사건들은 표면적인 가치보다 멜로드라마적인 효과를 전달하는 역할로 간주되고 평가되어야 한다. '심각한' 드라마와 달리 멜로드라마는 하나의 인간으로서의 캐릭터가 겪는 독특한 경험을 극화시키지 않는다. 1950년대 미국 영화 멜로드라마에 관한 훌륭한 논문에서 토마스 엘세이저(Thomas Elsaesser)는 다음과 같이 지적했다. 멜로드라마는 "드라마 주 캐릭터들의 비(非)심리적인 개념을 바탕으로 작동된다. 즉, 등장인물들은 자율적인 개인들이라기보다는 행동을 수행하고 전체적인 구성 안에 있는 다양한 장소를 연결하는 역할을 한다. 이러한 측면에서 멜로드라마는 신화를 만들어 내는 기능을 수행하는데 이들의 중요성은 행동의 구조와 표현에 있는 것이지 개인적인 경험과 심리적 동기와의 조화에 있는 것이 아니다".19 다른 말로 표현하자면 감정적인 효과를 극대화함에 있어서 멜로드라마 캐릭터가 '심리적으로 신뢰할 만함'은 멜로드라마적 상황들 속에서 캐릭터가 수행하는 기능보다 덜 중요하다. 상상된 상황들은 사회적으로나 문화적으로 강력한 감정적 소구를 가능하게 해주는 신화와 판타지로 둘러싸여 있기 때문에 감정적인 효과가 성취될 수 있다. 이러한 소구는 연속극이 보여주는 표면적인 사실들로부터 도출되는 것이 아니라 이러한 상황들이 대중의 상상력에서 수행하는 은유적인 역할로부터 도출되는 것이다.

예를 들어 알코올 중독은 캐릭터의 무력함을 재현하기 위해 멜로드라마에서 종종 사용되는 은유이다. 엘세이저는 다음과 같이 말했다.

비록 알코올 중독은 정교한 테마 분석을 요하기에는 너무 흔한 상징이지만 … 내러티브의 중요한 동력을 발전시키고 영상 은유로서의 속성을 만드는 데에 있어서 음주의 역할은 흥미롭다. 캐릭터들이 술을 마시거나 벌컥 들이키는 것은 마치 이들이 자신감과 더불어 치욕을 삼키는 것 같고, 활력과 생명력은 명백히 파괴되며, 허위에 찬 성욕은 심각한 불안으로 변하는 것과 같다. **20**

술에 취한 상태가 보여주는 상징적인 효과성은 존 휴스턴(John Huston)의 〈언더 더 볼케이노〉(Under the Volcano)●와 같은 영화에서만 활용되는 것이 아니다. 〈댈러스〉의 에피소드를 꾸준히 시청한 사람이라면 수 엘런이 어떻게 술을 마시기 시작했는지 알고 있으며 술에 취한 모습이 화면에 자주 등장한다는 점을 알 것이다. 술에 대한 그녀의 집착은 구속된 삶을 살아가는 상황에서 그녀가 느끼는 무력감을 영상으로 표현하는 방식으로 활용된다. 수 엘런은 본인이 혐오하는 남자와 결혼했는데, 남편 제이 알은 그녀에게 헌신적이지 않지만 그녀를 전적으로 통제하고 있다. 따라서 수 엘런의 알코올 중독은 여기서 은유적 기능을 수행한다. 드라마의 의도는 시청자들로 하여금 음주의 문제에 대해 구체적으로 걱정하도록 하는 것이 아니

● 옮긴이 주: 이 영화는 한국에서 〈재클린 비셋의 활화산〉이라는 제목으로 개봉되었다.

라 (예를 들어, 수 엘런에게는 거액의 돈이 있기 때문에 술을 마시는 것에 금전적인 문제는 없다) 알코올 중독의 묘사를 통해 시청자들로 하여금 수 엘런의 심리적 상태, 그녀의 고통, 그녀가 힘겹게 겨루고 있는 감정에 대해 알려주기 위한 것이다.

이러한 은유는 **창의성과 독특함의 결여**로부터 그 강점을 끌어낸다. 이와 같은 은유는 모든 종류의 대중 내러티브들에서 지속해서 나타나고 있기 때문에 시청자들은 즉각적으로 이해하고 알아볼 수 있다. 심지어 이런 주장까지 가능하다. 시청자들은 내러티브 내 모든 종류의 사건과 상황들이 무엇을 의미하는지 완전히 이해하고 평가하기 위해서 이들을 은유적으로 해독할 준비가 되어 있어야 한다. 플롯의 은유적인 가치에 대한 통찰력이야말로 연속극의 충실한 많은 시청자들이 느끼는 즐거움의 기반이 된다. 이러한 통찰력은 연속극을 평소에 잘 보지도 않거나 못마땅한 태도로 시청하면서 연속극의 내러티브를 문학적인 가치를 통해 평가하고자 하는 지식인들이 놓치는 지점이다.

나는 여기서 연속극 속의 사건들과 상황들이 왜 은유적인 기능을 수행하고 이들이 가지는 상식적인 의미는 무엇인지에 관한 질문에 대해 논의할 수 없다. 이에 대한 논의는 이 책과 별개로 써야할 문화·역사적인 글이 될 것이다. 예를 들어 왜 살인, 불운, 질병뿐 아니라 그토록 많은 사생아들, 얼굴도 모르는 아버지들과 어머니들(어른이 된 자녀들은 열정적이고 끈질기게 부모를 찾는다) 또는 숨겨진 과거들이 왜 그리도 많이 발생하는가? 이 모든 요소들이 〈댈러스〉에도 포함되어 있다! 하지만 〈댈러스〉에서는 기존의 은유들이 내러티브에 기발한 방식으로 각색됐을 뿐 아니라 이 은유들은 현재의 감수성에 맞게 세련되게 표현되기도 한다.

또 하나의 예는 질병에 관한 은유이다. 멜로드라마와 연속극 속 캐릭터들이 매우 자주 아프다는 사실은 놀랍지 않은데 그 이유는 질병은 내러티브를 놀랍도록 멜로드라마적인 방식으로 끌고 나갈 수 있기 때문이다. 수전 손택이 설명한 바와 같이 질병이라는 현상은 많은 종류의 감정적 의미가 담긴 연상과 이미지들로 잔뜩 둘러싸여 있다. 아프다는 것은 신체적으로 문제가 있다는 것을 의미할 뿐 아니라, 건강한 세계에서 배제됐다는 것, 무엇인지 알 수 없는 불가항력에 의해 압도당하고 있음을 의미한다. 폐결핵이나 암과 같은 일부 질병의 경우는 유난히 무시무시한 기운을 가지고 있다. 따라서 아프다는 것은 질병에 대한 생물학적인 사실을 훨씬 뛰어넘는 막대한 문화적 영향을 미친다.[21]

연속극에서는 병명을 진단할 수 없고 이 질병이 신체에 미치는 결과를 알 수 없는 경우들이 있다. 예를 들어서 〈댈러스〉에서 클리프 반스와 패멀라 유잉은 어느 날 의사로부터 본인들이 아버지 디거로부터 유전된 '신경섬유종증'이라는 불치병 때문에 고통받고 있다는 불편한 소식을 듣게 된다. 이 병은 의학 사전에 존재하긴 하지만 그 증상들은 〈댈러스〉에서 묘사한 증상들과는 다르다! 하지만 이 점을 지적하는 사람들은 드라마의 흥을 깨는 사람들일 것이다. 내러티브에서 중요한 것은 병 자체가 아니라 그 병이 아픈 사람에게 가지고 오는 극적인 결과이기 때문이다. 패멀라의 경우 이 병은 강력한 욕망은 결코 성취될 수 없다는 점에 관한 은유로 작동한다. 그녀 스스로 통제할 수 없는 영역, 즉 질병이 걸림돌로 적용하기 때문에 그녀가 원하는 모든 것(예를 들어 아이를 갖는 것)을 영원히 얻을 수 없게 된다(차후에 패멀라가 디거의 딸이 아니라는 점이 밝혀짐으로써 플롯은 더욱더 복잡해진다).

패멀라가 가진 질병의 모호함과 달리 미스 엘리의 유방암이 그녀의 삶에 어떤 영향을 주는지에 관한 묘사는 매우 현실적이다. 한 내용분석에 따르면 드라마에서 유방암을 진단받는 경우는 드물다.22 유방암은 누가 봐도 너무 끔찍한 현실적 문제이기 때문에 연속극과 같은 가공의 세계에는 맞지 않기 때문이다. 〈댈러스〉에서 유방암을 시청자들이 공감할 수 있는 방식으로 다루었다는 사실은(두 편의 에피소드는 전적으로 미스 엘리의 병에 관한 이야기를 다루었다) 이 드라마가 '현대적'이고 대담하다는 점을 보여준다. 유방암은 미스 엘리가 겪는 '삶의 고통'에 대한 은유를 극적으로 표현하기 위해 동원되는데 여성의 몸에 대한 남성의 성적 대상화를 표현하는 역할을 수행하기도 한다.

미스 엘리는 유방절제술이 남성에게 어필할 수 있는 능력에 있어서 큰 결과를 초래한다는 사실을 깨닫는다. 그녀는 남편 자크가 상관없다고 한 말을 믿지 않고(왜냐하면 미스 엘리는 '자크가 예쁜 여자를 보는 안목이 있다'고 생각하기 때문이다) 자크에게 남성들은 본인을 이해할 수 없다고 말한다. 다른 장면들에서는 가족의 여자 구성원들(수 엘런, 패멀라, 루시)은 미스 엘리의 유방절제술에 대한 이야기를 듣고 여성 정체성에 대한 위협을 느낀다. 특히, 루시에게 이와 같은 신체적 손상은 참을 수 없는 것이기에 처음에는 아픈 (그녀의 할머니인) 미스 엘리를 보기 꺼리다가 패멀라의 설득 이후 병문안을 간다. 미스 엘리에게도 이 질병은 수년간 깊은 흔적을 남긴다. 초반에는 그녀가 유방암으로부터 잘 회복하는 것처럼 보이고 이 고통을 잊어버린 것처럼 보인다. 그런데 손상된 몸은 수년 후 클레이톤 팔로우와의 새로운 결혼을 꺼리게 만드는 이유가 되는데, 도나 크랩스의 설득으로 미스 엘리는 새로운 결혼에 대한 공포를 극복한다. 이런 방식으로 페미니스트들이 공공연히 논의하는 (여성의 몸에 관한) 테마가 〈댈러스〉 안에서도 활용된다!

따라서 멜로드라마 연속극으로서 〈댈러스〉는 '과장된 사건을 위해 정교한 캐릭터 묘사를 희생하고, 감상적이고 부자연스러운 플롯으로 구성된 드라마'를 통해 내적·심리적 동요를 가시화한다. 지금부터는 이러한 동요의 속성에 대해 보다 자세히 논의하겠다.

〈댈러스〉와 가족의 비극

텔레비전 멜로드라마에 대한 글에서 데이비드 소번(David Thorburn)은 다음과 같이 말했다. "(텔레비전 멜로드라마에서처럼) 캐릭터들이 감정을 지속적으로 표현하는 것은 비현실적이다. 실제 삶에서 우리는 이렇게 강렬한 감정을 느끼지도 않고 감정이 깔끔한 순서로 점차 증가하는 경험을 하지도 않는다. 하지만 개연성이 낮은 플롯에 의해 극적으로 표현되는 감정들 자체는 본질적으로 비현실적이지 않으며 적어도 그럴 필요가 없다". [23] 드라마에서는 선정적인 것 이면에 숨겨져 있는 무언가가 드러나는 것 같다. 내러티브의 선정성과 낮은 개연성은 이를 통해 표현되는 갈등을 증폭시키는 역할을 한다.

연속극에서 이야기의 극적인 발전의 토대가 되는 갈등은 항상 어려운 가족 상황들과 관련되어 있다. 남편과 아내, 부모와 아이, 남자 형제들과 여자 형제들과 같이 가족 구성원들 간의 갈등 관계가 지속적으로 긴장감, 위기, 감정적 폭발 등을 야기한다. 이미 지적한 바와 같이, 연속극의 이데올로기적 문제는 개인적 삶과 관련되어 있다. 여기서 (특히, 〈댈러스〉와 관련해서) 추가할 점은, **가족 안에서의** 개인적 삶의 발전이 이데올로기적 규범으로 설정되어 있다는 것이다. 가족은 인간 행복의 이상적인 요람으로 간주된다는 것이다. 적어도 그래야만 한다는 전제가 존재한다.

사적 영역, 심리적 행복에 대한 초점은 연속극과 경찰·어드벤처 시리즈와 같은 다른 대중 텔레비전 픽션 장르들을 구분하는 결정적인 요소이다. 후자의 경우는 위험을 극복하고 적들을 물리치는 것이 주된 관심사이며 통상적으로 각 개인의 존재와 관련된 감정적인 불확실성이나 심리적인 갈등을 다룰 수 있는 공간이 거의 없다. (대부분 남성인) 주인공은 스스로에 대해 전적으로 확신에 차 있다. 또한 이런 확신은 천하무적이라는 주인공의 중요한 속성을 형성한다. 그는 결코 의심하지 않고 그가 무엇을 해야 하는지 알고 있으며 본인 스스로의 하찮음에 대해 숙고하지 않는다. 주인공은 정서적으로 취약하지 않다.

이러한 형태의 대중 픽션이 시청자들에게 소구하는 방식은 연속극의 소구 방식과 근본적으로 다르다. 영화의 멜로드라마와 같이

"연속극의 재미는 악당들 간의 갈등으로부터 오는 것이 아니라 혈연 관계나 사랑으로 엮어진 사람들 간의 갈등으로부터 발생한다".[24] 연속극에서 아무도 꺾을 수 없는 천하무적 캐릭터가 없는 이유는 여기에 있다. 가족 관계에 있어서 '천하무적'이라는 가치는 중요하지 않다. 제이 알에게 무서움이란 없고 그를 막는 자는 없지만, 때때로 그 역시 매번 본인의 뜻대로 이룰 수 없다는 사실을 깨닫게 된다. 연속극에서는 아무리 용감무쌍하고 강한 영웅이라도 정서적으로 취약하지 않은 사람은 없다. 이것이 비극이다.

연속극에서 가족의 삶은 사실 그다지 낭만적으로 그려지지 않는다. 오히려 비정한 세계에서의 안전한 피난처로서 가족에 대한 이상은 지속적으로 깨어진다. 〈댈러스〉에서 이러한 과정은 지극히 복잡한 방식으로 묘사된다. 전통적인 연속극과 달리 〈댈러스〉는 전적으로 유잉 가라는 한 가족의 성쇠에 대해 집중한다. 내러티브에서 발생하는 모든 행동은 궁극적으로 댈러스 공동체 안에 있는 이 가족의 위상과 관련되어 있다. 캐릭터들에게 특히 중요한 것은 이 가족에 속하는지 속하지 않는지 여부이다. 미스 엘리와 클레이톤 팔로우와의 새 결혼이나, 패멀라와 보비의 이혼, 아이의 탄생은 필연적으로 동요를 일으키는데 그로 인해 가족의 위상이 위태로워지기 때문이다.

〈댈러스〉에서 가장 중요한 것은 유잉 가가 지속되고 조화를 이루고 살아가는 것이다. 다른 연속극의 캐릭터들은 그들의 가족을 벗어나 내적인 평화와 행복을 찾는 것(예를 들어 두 여성 친구들 간의 친밀감과 동지애)과 달리, 〈댈러스〉에서는 가족 관계에 기대지 않고 공동체에서 편안함을 찾을 수 있다는 믿음은 실패할 운명을 맞는다.

드디어 제이 알과 이혼한 수 엘런은 독립적인 존재로 살고자 하지만 실패하고, 결국 제이 알과 재혼하며 (그녀의 판단과 반대로) 유잉 가 안에서 행복한 삶을 찾게 된다. 보비와 이혼한 후 패멀라가 누리는 행복 역시 일시적이며 환상에 불과한 것이다. 그녀의 삶에 찾아온 새로운 남자인 마크는 패멀라가 여전히 사랑하는 보비의 빈자리를 일시적으로 채워주지만 불치병에 걸려 곧 죽는다.

〈댈러스〉가 보여주는 가족 밖의 세계는 가족을 위협하는 일들의 온상이다. 유잉 가의 여성들이 가족 밖의 사람들(남자들)과 관계를 시작하는 것은 가족의 통합에 있어서 위험한 일이다. 커뮤니티에서 유잉 가 남성들이 사업적 목적으로 만나는 사람들은 매우 빈번하게 가족의 평화를 불안전하게 만드는 결과를 가지고 온다. 특히, 제이 알과 보비 사이의 끝없는 불화가 그렇다. 개인의 행복은 가족의 화합이라는 배경에서만 존재하기 때문에 이러한 화합은 늘 가족 내외의 공격으로부터 보호되어야만 한다. 스완슨이 수행한 〈댈러스〉의 구조에 관한 분석이 보여주는 것처럼, 가족을 강화시키는 힘과 가족을 약화시키는 힘 간의 갈등은 연속극을 끌어나가는 가장 강력한 원동력이 된다. 25

가족 간의 화합은 유잉 가 사람들의 상황을 평가하는 기준으로 제공된다. 내러티브가 진행되는 방식은 이와 다른 관점을 허락하지 않는다. 가족의 구성원들이 항상 돌아오게 될 안식처로서 사우스포크가 중요한 역할을 수행하는데, 이곳 목장은 시청자들이 지속적으로 동일시할 수 있는 지점으로 작동한다. 가족 모두가 집에 함께 있는 장면, 아침 식사하는 장면이나 저녁식사 전 거실에 모여 있는 장면은 끊임없이 발생하는 문제 상황 속에서 일시적으로 숨을 돌릴 수 있는 시간이 된다. 에피소드마다 이 같은 장면 한두 개가 포함된다.[26] 이점은 특히 초반의 에피소드에서 더 확연히 드러난다. 가족들이 점차 해체되면서 가족들 간의 모임은 뜸해진다. 한 에피소드에는 어머니 미스 엘리가 고급 식탁 끝에 혼자 앉아있는 극적인 장면이 묘사된다. 자녀들은 나타나지 않고 남편 자크는 사망한 상태이다. 이러한 장면은 시청자들로 하여금 가족의 화합이 가장 중요한 삶의 조건이라는 생각을 유도한다(시청자들이 이와 같이 생각하더라도 가족 이데올로기에 대한 평소의 생각과 일치할 필요는 없다. 이는 시청자들이 내러티브의 세계에 들어갔을 때 시작하게 되는 판타지라는 유희의 일부일 뿐이다).

하지만 가족 간 화합이라는 규범으로 인해 문제가 발생하기도 한다. 가족 구성원 각각에게는 특정한 요구사항이 주어진다. 이들이 따라야 하는 규칙을 결정하는 것은 가족의 구조이다. 가족의 관점에서 구성원들은 모성애가 많은 어머니, 괜찮은 아들과 같은 정형화된 역할이 설정된다. 스완슨에 따르면 유잉 가 캐릭터들의 정형화된 역할은 갈등을 발생시키는 두 번째로 중요한 구조적인 원인이 된다.[27] 이들은 이상적인 가족이라는 족쇄를 받아들이지 않고 적극적으로 벗어나려고 노력하는데 이는 새로운 문제들을 야기한다. 예를 들어 제이 알에게서 벗어나고자 하는 수 엘런의 시도는 가족 관계를 손상시키지 않고는 이루어질 수 없다. 그녀 자신의 욕망을 실현하기 위해서는 가족을 떠나야만 한다(가족에 머무는 것, 가족으로 돌아오는 것은 그녀의 욕망을 버리는 것을 의미한다). 또한 자신의 친아들 존 로스 돌보기를 거부하는 것, 즉 전통적인 엄마의 역할을 거부하는 것은 가정의 평화에 부정적인 효과를 낳는다. 이로 인해 미스 엘리는 걱정을 하고, 제이 알은 질책을 하고, 패멀라는 존 로스에 대한 모성애를 수 엘런으로부터 뺏어 올 수 있다는 환상을 갖는다. 수 엘런이 엄마로서의 역할을 받아들일 때 비로소 가정의 평화는 회복된다. 한편 제이 알이 행하는 악독한 행동 중에서도 그가 맺는 수많은 혼외 관계와 유잉 정유와의 사업적 술책들은 가족의 화합을 보호함에 있어서 큰 위협이 된다. 제이 알은 필요하다면 언제든지 아들, 형제, 남편으로서의 역할을 저버림으로써 가족 간의 통합을 지속적으로 위태롭게 만든다.

따라서 〈댈러스〉에서 가장 중요한 캐릭터들은 두 축의 딜레마를 중심으로 끝없이 이동한다. 개인적인 행복을 좇아 자신만의 길을 갈 것인가, 아니면 가족의 구조라는 사회적 굴레에 굴복하느냐의 문제이다. 이 두 가지의 선택이 조화를 이루는 순간들은 매우 드물다. 다른 연속극에서와 마찬가지로 〈댈러스〉에서도 세월의 흐름에 황폐해지지 않는 결혼은 없다. 심지어 패멀라와 보비의 평화로운 결혼도 마찬가지이다.

이러한 재현으로 전달하고자 하는 메시지는 끊임없는 모순, 내적 갈등의 해결 불가능성, 즐거움의 원칙과 현실의 원칙 사이에 존재하는 메울 수 없는 간극이다. 로라 멀비(Laura Mulvey)가 말한 바와 같이, "멜로드라마가 활용하는 이데올로기적 모순 주위에는 또 다른 모순이 있다. 즉, 욕망과 현실을 타협하는 것이 불가능하다는 것이다. 멜로드라마는 익숙한 문제들을 제공하고, 백일몽과 같이 개인적인 차원에서의 도피를 제공함으로써 이러한 간극을 보여준다.

또한 멜로드라마는 찰나의 환상에 지나지 않는 대안적인 이상을 제시함으로써 결코 피할 수 없는 절망을 겪어나갈 수 있는 기회를 제공한다". 28 결국 시청자들이 맞닥뜨리는 것은 개인의 삶에 대한 기분 나쁜 '진실'이다. 비극적 감정 구조를 만들기 위해 이보다 더 나은 토대가 있을까?

연속극, 멜로드라마, 비극적 감정 구조

〈댈러스〉캐릭터들이 경험하는 갈등이 멜로드라마적 방식으로 재현되지 않는다면 비극적 감정 구조는 시청자들에게 크게 다가오지 않는다. 로라 멀비는 "멜로드라마 세계에 갇힌 캐릭터들에게는 극(劇)을 뛰어넘는 생각과 지식이 허락되지 않는다"29고 말했다. 즉, 캐릭터들이 갈등하며 경험하는 문제들이 내러티브 안에서 구조적으로 설정된 것이지만, 캐릭터 본인들은 극의 구조에 대해 인지하지 못한다. 캐릭터들은 바로 획득할 수 있는 즉각적인 행복을 위해 고군분투하지만 그들의 위치에 대해 객관적으로 판단하지 못한다. 멀비에 따르면 "멜로드라마 캐릭터들은 모순적인 상황을 연기하는데, 문제를 해결할 수 없고 실패를 면할 수 없다는 사실을 점진적으로 직면하게 된다". 30 본인 자신의 무력함을 점진적으로 직면하게 되는 것이야말로 멜로드라마를 더욱 비극적으로 만드는 것이다. 이상에 대한 환상은 점차 약화된다.

〈댈러스〉에서의 대화들은 — 연속극에서 대화는 바로 내러티브의 도구이다 — 결코 비판적이거나 의식적인 (자기) 성찰을 담지 않는다. 캐릭터들은 세상에서 그들이 가진 위치에 대해 결코 숙고하지 않으며 결코 본인과 타인들과의 관계에 대해 공정한 관점에서 진지하게 생각하지 않는다. 반면에 캐릭터들이 서로 나누는 대화들은 언제나 현재의 시점에서 갈등을 겪어나가거나 인내해나가고 있음을 표현한다. 지적인 설명이나 생각을 나누기 위한 질문은 없다. 한 캐릭터가 뱉어내는 각각의 말은 주관적인 내면세계를 반영한다. 그 (녀) 의 욕망, 공포, 도덕적으로 선호하는 것 등. 하지만 동시에 캐릭터들 간의 대화는 진솔하고 솔직한 커뮤니케이션이 아닌 경우가 많다. 이들은 아무것도 이야기하지 않거나 그들이 의도하는 것을 말하지 않으며 말하는 것보다 더 많은 것을 의미하기도 한다. 이런 의미에서 〈댈러스〉에서의 대화는 종종 생략된 형태를 갖는다. 말할 수 없는 또는 말해지지 않은 것들이 항상 있는 것처럼 말의 위상은 상대적이다. 상황의 본질은 직접적으로 표현되지 않지만 〈댈러스〉에서 종종 나타나는 것같이 다음 신이 시작되기 직전 몇 초간 클로즈업되어 보이는 캐릭터의 표정 뒤에 숨겨져 있는 듯하다. 31 이와 같은 멜로드라마의 방식은 감정 구조의 확장을 가져온다. 클로즈업 장면들은 그 캐릭터가 결국 자신의 운명을 통제하지 못하고 있다는 사실을 강조하는데 이는 초인간적인 신의 책략 때문이라기보다 인간 사회 자체에 내재한 모순들 때문이다.

멜로드라마에 있어서 내러티브의 결말은 늘 문제가 된다. 멜로드라마는 '열린' 결말을 가지고 있을 때만 효과적이라고 평가된다. 언뜻 보기에 해피엔딩의 가능성이 있지만 앞으로도 발생할 수 있는 미

래에 벌어질 갈등 상황들이 이미 들끓고 있기 때문에 해피엔딩 자체
는 신뢰하기 어렵다. 사실 멜로드라마의 결말은 그렇게 중요하지 않
다. 중요한 것은 이전에 무슨 일이 일어났느냐이다. 멀비가 지적한
바와 같이 "멜로드라마라는 형태의 장점은 이야기가 진행되는 동안
날리는 먼지의 양에 있다. 이처럼 자욱한 먼지들은 절대적으로 타협
불가능한 것들로 드라마가 마지막 5분 안에 말끔히 정리되기를 거부
한다". 32

그렇지만 연속극에서 마지막 5분의 문제는 덜 긴박하다. 원칙적으
로 끊임없이 이어진다는 것은 연속극이라는 형태에 내재되어 있는
속성이다. • 따라서 연속극은 계속 이어질 수 있으며 무한한 양의 먼
지를 만들어내지만 이를 치워야 할 걱정은 없다. 이러한 결말의 부
재, 궁극적인 '해결'이 지속적으로 연기되는 것은 비극적 감정 구조
에 새로운 차원을 더해준다. 연속극의 희비극 패러디 〈소프!〉의
매 에피소드 마지막에 계속 반복되는 슬로건은 이 점을 잘 보여준
다. "혼란스러우세요? 〈소프!〉의 다음 에피소드 후에는 혼란스럽지
않을 겁니다". 하지만 그럼에도 불구하고 시청자들은 다시 혼란에
빠진다.

타니아 모들스키(Tania Modleski)에 따르면 연속극 내에는 이른바
'해석의 코드'가 만연해 있다. 33 이러한 코드는 문제를 제기하거나

• 하나의 연속극이 종영하는 이유는 이야깃거리가 떨어졌기 때문이 아니라 대부분
외부적, 상업적 또는 조직적 이유와 관계가 있다. 내러티브는 자의적 방식으로 끝
을 맺어야 하는데 일반적으로 시청자들은 이에 대해 매우 불만을 가진다. 해결되지
않은 질문들이 남으며 이야기가 끊어지기 때문이다.

문제의 해결을 지연시키는 결과를 가져오는 온갖 종류의 요소로 구성되어 있다. 방해물, 실수, 기만적인 행동, 속임수, 반쪽 진실 등이 대표적인 예이다. 고전적, 선형적 내러티브에서 해석의 코드는 극 후반 완전한 진실의 순간에 의해 최종적으로 해결된다. 하지만 연속극에서는 이러한 해결의 순간이 지연되는 것이 원칙이고 통상적인 일이다. 따라서 시청자는 영원히 기대하는 자리, 즉 롤랑 바르트가 '엉망'(disorder)이라고 지칭하는 자리에 놓인다. "엉망이란 … 아무것도 해결하지 못하고, 아무것도 끝내지 못한 상태에서 무언가가 쉴 새 없이 덧붙여지는 상황을 지칭한다".34 영원히 기대하는 위치는 막연한 감정, 방향을 상실한 감정을 강화시킨다. 이러한 위치는 "내러티브에서 많은 일들이 계속 발생하지만 (그리고 더 복잡해진다) 동시에 아무것도 일어나지 않는다는 감정을 만들어 낸다".35 과거와 현재 간의 근본적인 차이라는 개념과 연결된 진전(progress)이라는 개념은 없다. 〈댈러스〉의 캐릭터들은 영속적으로 갈등 상황에 놓인 현재라는 감옥 안에 살고 있다. 이 점은 시청자를 궁금한 입장에 위치시킨다. 시청자는 연속극이 절대 끝나지 않을 것이며 고통이 누그러지지 않을 것이라는 점을 알고 있다. 다른 내러티브들에서는 해피엔딩이 될 것이라는 확신과 확인이 즐거움의 원천이라면, 연속극에서는 모든 캐릭터에게 **만족스러운 종결이 미루어질 것**이라는 비극적인 지식이 내러티브가 주는 즐거움의 기반이 된다.

뿐만 아니라 개별 캐릭터들에 대한 시청자의 위치 또한 애매모호하다. 이미 이야기한 바와 같이 연속극에서 여러 가지 내러티브들은 항상 서로 교차하게 된다. 시청자들은 수 엘런의 결혼 문제에 대해 동정하고 그녀가 정신과 전문의 앞에서 실컷 우는 장면을 엿보기도 한다. 다음 장면에서 시청자들은 보비에게 자신의 병을 이야기할 것인지 고민하는 패멀라의 딜레마를 목격하기도 한다. 모든 캐릭터들은 다른 캐릭터들의 문제, 행동, 계획 등과 별 관계없이 본인 자신의 삶을 살아간다. 이들은 스스로의 강박관념에 싸여 있고 순전히 스스로의 주관적 관점에서 모든 상황을 바라본다. 하지만 시청자들은 각각의 캐릭터에 대한 '모든 것'을 알고 있기 때문에 스스로를 전지전능한 위치에 있다고 생각한다. 하지만 이상하게도 이러한 능력은 무기력함을 깨닫는 것에 기반을 둔다. 왜냐하면 캐릭터 자신들은 인지하지 못하지만, 시청자들은 모든 캐릭터의 삶이 위치된 관계의 구조는 고정되어 있고 (따라서 결국 바꿀 수 없으며) 온갖 종류의 긴장 관계를 야기한다는 것을 알고 있기 때문이다.

예를 들어 미스 엘리는 자크가 떠날까 봐 유방암에 걸렸다는 사실을 이야기하기 주저한다(그녀는 한참 후 클레이톤이 그녀에게 청혼할 때도 똑같은 공포를 경험한다). 동시에 자크는 미스 엘리에게 예전에 결혼했던 적이 있었다는 사실을 어떻게 이야기할지 고민한다. 이 두 상황 모두에서 의심과 불확실성이 있기 때문에 불신이 발생하고 (캐릭터들은 인지하지 못하지만) 온갖 종류의 짜증과 오해가 끊임없이 생겨난다. 하지만 내러티브를 따라가기 위해 시청자들은 이들의 비밀과 이들이 꼭 해야 할 것이 무엇인지 알게 되면서 두 캐릭터 모두의 위치에 본인을 대입해보게 된다. '여러 인물에 대한 동일시'36에 대한 소구는 시청자들이 어드벤처 장르의 이야기에서처럼 한 명의 캐릭터에만 동일시하고 그 캐릭터의 관점에서만 모든 상황의 진행을 이해하고 판단할 수 없음을 의미한다.

　캐릭터들의 행동이 일관성 없을 때가 많고 짧은 시간에 태도를 완전히 바꾸기도 하므로 시청자의 유동적인 위치는 더욱 강화된다. 미국의 한 텔레비전 비평가에 따르면, 〈댈러스〉에서는 캐릭터의 행동 코드가 전적으로 불안정하기 때문에37 캐릭터 자신들도 시청자들도 이들의 입장이 무엇인지 알 수 없다. 예를 들어, 제이 알은 그에게 총을 쏘려고 한 사람이 수 엘런의 여동생 크리스틴이라는 것을 알게 되었을 때, 크리스틴을 경찰에 넘기지 않고 돈뭉치를 주고 비행기에 태워 댈러스 밖으로 보낸다. 제이 알이 자살을 시도한 후 그를 향한 수 엘런의 감정들은 완전히 바뀐다. 이전에는 제이 알을 싫어했지만 돌연 그를 사랑하고 있음을 깨닫게 된다. 그런데 불과 몇 주 후에 제이 알은 수 엘런의 사랑을 받을 자격이 없음을 느낀다. 실라 존스턴은 이를 두고 '현상 유지를 만들어내는 어떠한 안전감'38도 부족하다고 말했다. 모들스키는 연속극이 삶에 대한 무서운 진실을 은연중에 말하고 있다고 결론 내리며 "연속극은 개인 삶의 하찮음에 대해 지속적으로 역설하고 있다"39고 말했다. 따라서 연속극의 세계는 전적으로 애매모호하다. 그곳은 개인적인 영역이 지배적이지만 동시에 모든 개인적인 삶은 왜곡된 세계이기도 하다. 연속극 안에서는 그 어떤 캐릭터도 본인 자신의 삶의 역사를 자유롭게 구성할 수 없다. 이와 반대로 이들이 갇혀 있는 구조와 모순이 이들의 성장을 결정한다.

　하지만 〈댈러스〉에서 이러한 구속들을 벗어난 한 명의 인물이 있다. 바로 제이 알이다. 이 악당은 끊임없이 사회의 법과 규칙들을 무시하고 본인의 의지로 성장해 나간다. 제이 알은 부정한 거래와 온갖 음모로 〈댈러스〉에서 고통을 야기하는 가장 중요한 원인이 된다. 모들스키는 악당이 연속극의 내러티브에서 필수적인 기능을 수행한다고 지적했다. 악당은 굴복하지 않고 저항한다. 하지만 역설적으로도 제이 알의 행동들은 비극적 감정 구조를 강화하는 성향이 있다. 제이 알은 권력이란 악과 부도덕과 연결되어 있으며 '좋은 삶'을 살고자 하는 사람들은 언제나 권력을 가지지 못하고 고통을 받게 된다는 점을 입증한다. 하지만 악당이 늘 이긴다는 것은 아니다. 이와 반대로 연속극에서는 불확실성과 일시성이 지배하기 때문에, 제이 알은 원하는 것을 얻기 위해 끊임없이 노력해야 한다. 일부 평론가들에 따르면 이렇게 언제나 포기하지 않고 벗어나고자 하는 노력이 악당이 가지고 있는 매력을 설명한다. 호레스 뉴컴이 말한 것과 같이, "우리가 제이 알에서 볼 수 있는 것은 포기에 대한 거부이다. 그는 끈질기다".[40]

그런데 악당이 연속극의 세계에서 수행하는 두 번째 기능이 있다. 악당은 화목한 커뮤니티에서 구별되는 아웃사이더일 뿐 아니라 그 커뮤니티에 속한 사람이기도 하다. 게다가 악당은 그 커뮤니티에 활기를 불어넣어주고 사건을 발생시키는 사람이기도 하다. 커뮤니티가 갈등을 겪기 위해서 악은 커뮤니티의 질서 안에 포함되어야 한다. 악은 갈등의 핵심이기 때문이다. 화합이라는 것은 달성할 수 없는 유토피아에서만 존재하는 것이다. 따라서 악당 제이 알의 행동이 멈추는 순간 유잉 가와 〈댈러스〉는 존재할 수 없게 된다. 〈댈러스〉의 법칙에 따르면 가족의 삶이란 가족의 생존 자체를 위태롭게 하는 사람의 자비를 통해서만 존재할 수 있다!

마지막으로 〈댈러스〉의 특징 중 하나인 화려한 미장센 이야기로 돌아가 보자. 유잉 가 사람들은 매우 부유하기 때문에 고급 주택, 화려한 옷들, 고급 저녁식사, 값비싼 선물과 같은 물질적인 것은 무엇이든 살 수 있다. 하지만 부유함은 연속극으로서 〈댈러스〉의 일반적인 플롯 구조에 근본적인 영향을 미치는 것 같지 않다. 여기서 돈은 주로 갈등과 고통을 구성하는 **도구적인 기능**을 수행한다. 〈댈러스〉에서 돈이 고통의 직접적인 원인이 되는 경우는 전혀 없다. 오히려 누군가가 수백만 달러의 돈을 쉽게 쓸 수 있는 것은 〈댈러스〉가 몰두하고 있는 개인적인 갈등에 선정적이고 과장된 측면을 추가적으로 제공하는 것뿐이다. 따라서 화려한 미장센이 **내러티브적인 기능**을 주로 수행한다고 보기 어렵다. 일부 평론가들은 '돈이 행복을 살 수 없다'는 점이 〈댈러스〉와 같은 프로그램의 이데올로기적 메시지라고 말한다. 하지만 이런 설명은 〈댈러스〉의 과도한 영상이 내러티브와 상대적으로 독립된 의미들을 만들 수 있다는 사실을 무시한다. 사우스포크 주위의 햇살이 따가운 대초원, 호화로운 수영장, 크고 넓은 사무실 건물들, 세련된 레스토랑들, 우아한 여성들과 잘생긴 남성들은 광고가 보여주는 낙관적인 이미지의 세계에 어울리는 듯하다. 이러한 낙관주의는 연속극이 선사하는 비관적 세계에는 어울리지 않는다. 따라서 화려한 미장센은 그 자체로는 끊임없는 모순일 수밖에 없다. 이런 맥락에서 미장센은 캐릭터가 살아가는 공간, 밀실공포적인 영역, 즉 언제든 히스테리가 발생할 수 있지만 계속 억제되는 갇힌 커뮤니티에 대한 감정을 심화시킨다. 왜냐하면 〈댈러스〉 안에서는 어떤 일이 생기든 삶은 언제나 정상적으로 지속되기 때문이다.

멜로드라마적 상상력

비극적 감정 구조를 불러일으키는 것은 연속극의 멜로드라마적인 요소들과 내러티브 구조이다. 하지만 비극적 감정 구조는 예컨대 고전 그리스 비극에서 표현하고 있는 인간의 가장 큰 비극으로 구성되는 것이 아니라 일상적 삶의 비극적 측면을 반의식적으로 깨닫는 것으로 표현된다. 거창한 비관적 세계관(Weltschmerz)이 아니라 전적으로 평범한 형태의 고통이다. 뉴컴의 말을 인용하자면, 생존이란 "모호함 때문에 복잡하게 되고 가장 많은 사람들이 원하는 성취를 했음에도 불구하고 고통에 의해 흐릿해진다". [41]

하지만 이미 언급한 것과 같이 〈댈러스〉의 의미 구조에 새겨져 있는 비극적 감정 구조는 시청자들이 〈댈러스〉에 부여하는 의미들과 자동적으로 일치하지는 않는다. 이러한 일치는 시청자들이 비극적 감정 구조에 반응할 때만 발생한다. 다르게 표현하자면, 〈댈러스〉가 암시하는 비극적 감정 구조는 시청자가 **멜로드라마적 상상력**에 스스로를 투영하고 인지할 때만 그 의미가 발생할 수 있다. 따라서 시청자들은 특정한 문화적 역량 또는 성향을 가지고 있어야 〈댈러스〉를 멜로드라마적인 방식으로 이해하고 평가할 수 있다. 샬롯 브런스던이 적절히 이야기한 바와 같이, "장뤼크 고다르의 영화를 '이해'하기 위해 일정한 형태의 문화자본이 필요한 것처럼 연속극 또한 그렇다". • 〈댈러스〉의 경우 멜로드라마적인 상상력이 이러한 문화적 성향에 있어서 가장 중요한 것으로 보인다.

피터 브룩스(Peter Brooks)는 멜로드라마적 상상력을, "인간의 일상적 존재에 대한 드라마를 도덕적 영향력을 가진 극적인 드라마로 만들고자 하는 (꽤 절박한) 시도를 하는 상상력"이라고 정의했다.42 멜로드라마적 상상력은, 다른 곳과 마찬가지로 틀에 박힌 생활과 습관들이 인간관계 속에 만연한 일상적 삶이 가지는 무의미함을 극복하기 위한 심리적 전략으로 간주할 수 있다. 달리 표현하자면, 멜로드라마적 상상력은 우리가 살아가고 있는 세계를 "의미로 가득 찬 세계로, 인간 간의 관계란 단순히 육체들 간의 접촉이 아니라 신중하게 발전시켜야 하고 판단해야 하며 중요하게 다루어져야 하는 세계로 만드는 문제이다".43 따라서 멜로드라마적 상상력은 하찮은 일상생활을 평범하고 의미 없는 것이라는 사실을 거부하거나 받아들일 수 없음을 표현하는 것이고, 현시점에서 존재에 대한 모호하고 불분명한 불만으로부터 생겨나는 것이다. 이렇게 본다면 비극적인 감정 구조는 전쟁의 고통, 강제 수용소, 기근 등과 같은 인간의 비극이라고 일반적으로 알려진, 인류의 역사에서 현저한 역할을 수행하는 대단한 고통에 관한 것이 아니라 평소에 비극적이라고 인정되지 않는 것에 대한 것이며, 바로 이런 이유 때문에 그 의미를 전달하기가 쉽지 않다. 근대 복지국가에서 평범한 사람들이 살며

● C. Brunsdon, "Crossroads …", p. 36. 문화적 역량, 문화자본이라는 개념들은 피에르 부르디외로부터 빌려온 것이다.

겪어나가는 평범한 고통, 모호한 느낌의 상실감을 표현할 만한 단어는 없다. '당신은 얻은 것도 있지만, 잃은 것도 있다'와 같은 반쯤은 비꼬는 듯하고 반쯤은 체념한 듯한 표현들을 제외하고 말이다. 우리의 상상에서 평범함을 무언가 특별하고 의미 있는 것으로 만듦으로써 우리의 상실감은 적어도 일시적으로는 사라질 수 있다. 이러한 상상 속에서 〈댈러스〉와 같은 멜로드라마 연속극을 시청하는 것은 즐거운 경험이 된다. 〈댈러스〉는 멜로드라마적 상상력의 출발점을 제공하고 배양하며 더 구체적인 것으로 만든다.

누군가는 멜로드라마적 상상력의 사회문화적 기원들에 대해 궁금할지도 모른다. 상상력이란 일상적이고 실천적인 의식이 우리가 살면서 맞닥뜨리는 삶의 경험들을 이해하고 설명하는 방식이다. 그 어떤 종류의 상상력도 뜬금없이 등장하지는 않는다. 멜로드라마적인 상상력은 어떤 종류의 문화·역사적 상황들에 대한 해답을 만드는가? 여기서 이 질문에 대해 간략히 논의하고자 한다.

피터 브룩스는 멜로드라마적 상상력을 근대사회의 파편화된 특성과 연결시킨다. 그 어떤 가치 체계도 엄청나게 다양한 사건들과 감정들을 묶을 수 있는 기능을 수행하지 못한다. 브룩스에 따르면, 멜로드라마적인 것은 "신성한 것을 쉽게 유지할 수 없는 사회에서 존재하는 … 비극의 한 형태이다".44 편재하는 의미들이 끊임없이 의심되고 전통들이 고수될 수 없는 사회에서, 삶은 의미가 있고 따라서 고생할 만한 가치가 있다는 안도감에 대한 필요성이 존재한다. 비록 모든 것이 그 반대처럼 보여도 말이다. 브룩스를 통해 멜로드라마의 뚜렷한 특징인 감정을 과장하는 경향에 대한 설명도 가능하다. 멜로드라마적 상상력이 표현하고자 하는 것은 너무나도 불확실하며 이해하기 어렵고, 따라서 정당화하기 어렵기 때문에 멜로드라마적 상상력은 강한 인상을 만들어야 한다. 삶의 의미가 무엇인지 이해하기 어려울 때, 멜로드라마적 상상력의 '과장된' 감정들이 의지할 곳을 제공한다.

　이러한 논의를 바탕으로 다른 작가들은 픽션의 형태로서 연속극이 특별한 기능을 수행한다고 주장해 왔다. 예를 들어 프랑스 기호학자 비올레트 모랭(Violette Morin)은 텔레비전 연속극의 인기는 그 안에 묘사된 삶이 실제의 삶보다 더 천천히 진행된다는 사실에 기인하고 있다고 지적했다. 모랭에 따르면, 이러한 효과는 내러티브의 연속성에 있어서 직접적인 관계는 없는 경우에도 각 신에 의미를 억지로 쑤셔 넣음으로 만들 수 있다. "텔레비전 프로그램에서 사람들은 끊임없는 '의미의 제동'(semantic braking)이라는 리듬에 맞추어 먹고 말하고 산책을 한다. 이는 마치 사람들이 삶에서 행복하기를 두려워하는 것 같고 현실에서보다 더 느리고 더 조심하는 것 같으며 일상생활보다 모든 일에 있어서 삶의 속도에 대해 보다 건강한 태도를 가지고 있는 것 같다"[45] 모랭에 따르면, 드라마 속의 삶이 느리다는 생각은 실제 삶의 속도를 늦추고 싶은 욕망, 근대적 삶의 서두르는 속성에 제동을 걸고자 하는 욕망에 대한 응답이다. 이로부터, 연속극이라는 형태가 본질적으로 현실에서의 삶보다 더 많은 의미를 일상적인 것들에게 부여할 수 있기 때문에 멜로드라마적 상상력을 위한 매우 좋은 도구가 된다고 결론을 내릴 수 있다.

　하지만 멜로드라마적인 상상력이 근대사회의 속성들과 연결되어 있다는 설명은 충분히 구체적이지 못하다. 이러한 설명은 파편화된 경험, 시간의 순간적인 속성, 전통과의 단절과 같은 근대적 일상의 일반적이고 형식적인 속성만을 고려하고 있고, 따라서 상이한 집단의 삶의 조건들 간에 존재하는 사회문화적 차이들로부터 도출된 것이다. 하지만 구체적이고 현실적인 삶의 상황들이야말로 사회의 일원으로 동화되기 원하는 심리를 만들어 내고 상상력과 판타지를 위한 재료가 된다. 도시의 산업화된 사회에서 살아가는 모든 사람들이 멜로드라마적 상상력에 동등하게 반응하지는 않는다. 사람들이 가지는 상상적 전략의 경로들은 그들의 개인적이고 하위문화적인 역사 속에서 형성되며 점진적으로 실천적 의식 속으로 들어간다.

통상적으로 이야기되는 것과 같이 연속극을 주로 보는 사람들이 여성이라는 이유만으로 연속극을 '여성들의 장르'라고 한다면, 멜로드라마적인 상상력(무력함과 불안이라는 모호한 감정에 대해 다소 수동적이고, 운명론적이고, 개인주의적인 반응을 표현하는 것으로 보이는 상상력의 한 종류)에 민감한 사람들은 주로 여성들이라고 주장하는 것이 된다. 하지만 이러한 '민감성'은 여성들이 가진 가정주부라는 물적, 사회적인 위치와 관련이 있다기보다(만약 그렇게 주장한다면 사회학적 환원주의를 의미하게 될 것이다) 이들이 심리적, 감정적으로 상황들을 대면하는 데 익숙해진 방식들과 관련이 있을 것이다. '여성의 분야'를 개인적인 영역에 대한 관심이나 돌봄의 기능과 연결시킨 지배적 이데올로기를 여성들이 연속극을 많이 시청하게 만든 중요한 원인으로 볼 수 있다. •

또한 우리는 일상적 차원의 의식(*consciousness*) 속에서 멜로드라마적 상상력이 수행하는 역할을 과대평가해서는 안 된다. 상식적인 사고는 일차원적이지 않으며 오히려 매우 이질적인 성격을 가진다.● 또한, 삶이 경험되고 경험들이 의식으로 흡수되는 방식들은 매우 다양하다. 세계를 인지하는 멜로드라마적인 방식은 유머러스하고 로맨틱하며, 반항적이고 다른 상상적 전략들과 교차적으로 나타난다. 멜로드라마적인 감정, 비극적 감정 구조는 일상의 삶에 대한 이성적인 사유 속에 끼어들면서 가끔씩만 드러난다. 따라서 대부분의 경우, 사람들은 **멜로드라마적인 순간들**을 경험할 뿐이다. 예를 들어 이러한 순간들은 누군가가 〈댈러스〉를 시청할 때 발생할 수 있다. 〈댈러스〉가 멜로드라마적 상상력을 야기하고 뚜렷하게 만들어주기 때문에 〈댈러스〉를 시청하는 것은 즐거운 경험이 되는 것이다.

이는 물론 〈댈러스〉로부터 즐거움을 경험하는 다른 방식들이 존재하지 않는다는 것을 의미하지 않는다. 시청자들은 〈댈러스〉를 완전히 다른 방식으로 해독할 수도 있다. 이들은 텍스트의 다른 측면들을 주목하고 그에 반응할 수 있다. 플롯이 기발한 방식으로 엮여 있는 방식, 서양의 신화적인 요소, 정유에 대한 기술적인 논의, 제

● C. Brunsdon, "Crossroads …". 브런스던에 따르면 연속극은 문화적 역량을 요구하는데 우리 문화에서 이러한 역량은 주로 여성들이 가지고 있다.
● 각 개인은 너무나도 다양한 경험과 생각을 가지고 있어서 이 모든 것들을 이론적으로 일관적이고 논리적인 방식으로 정리하는 것은 불가능하다. 이와 반대로 일상의 의식은 (이성적인) 논리와 관계가 없다는 점을 안토니오 그람시(Antonio Gramsci)가 '상식'에 대해 메모에서 지적했다. 다음 저서를 참조할 것. A. Gramsci, *Selections from the Prison Notebooks*, Lawrence & Wishart, London, 1973.

이 알의 악의에 가득 찬 유머 등이 그것이다. 〈댈러스〉는 많은 유형의 상상을 위한 여러 지점들을 제공한다.

결론적으로 〈댈러스〉를 보는 즐거움은 시청자들이 상상하는 세계와 일치하는 생각들을 인식하는 것으로 구성되었다고 말할 수 있다. 시청자들이 〈댈러스〉에 '빠질 수 있는' 이유는 프로그램이 상징하는 비극적 감정 구조가 시청자들이 일상에서 직면하는 삶의 방식들 중 하나와 연결되기 때문이다. 상상력이 우리의 심리적 세계의 필수적 요소인 한 — 상상력을 구체적인 방식으로 상징화시킨 — 〈댈러스〉가 주는 즐거움은 일상생활의 당연한 것으로 추정되는 단조로움에 대한 **보상**이 아니고 **탈출**도 아니며 하나의 **단면**이다. 왜냐하면 늘 주관적일 수밖에 없는 상상을 통해서만 '객관적인 현실'을 이해할 수 있기 때문이다. 상상이 없는 삶이란 존재하지 않는다.

즐거움 그리고 이론

앞서 논의한 것들은 이론적으로 구성한 내용이다. 이론적 구성은 그 정의상 결코 즉각적인 경험과 일치하지 않는다. 이론은 그 경험을 편파적으로 설명할 뿐이다. 경험의 변덕스럽고 모순적인 속성은 이론에서 유효하게 다루어지지 않는다.

즉각적인 경험으로서 〈댈러스〉를 보는 즐거움은 '즉흥적인' 즐거움이다. 한 개인은 어떤 방식이든 〈댈러스〉 시청을 즐긴다. 즐거움을 경험하는 것은 의식적이거나 의도된 활동이 아니라(비록 누군가는 즐거움을 경험하기 위해 노력할 수도 있지만), 그냥 '생겨나는' 것이고 시청자의 기분에 따라 갑자기 발생하는 것이다. 이 경험은 분산되어 있고, 시간과 맥락에 따라 다르며 이질적이다. 시청자의 머릿속에는 너무 많은 일이 진행되기 때문이다.

〈댈러스〉의 즐거움을 분석함에 있어서 나는 이 프로그램이 특정한 구조를 가진 텍스트라는 가정을 가지고 시작했다. 그렇다면 즐거움이란 시청자들이 특수한 주체의 위치에서 텍스트를 해독하는 방식과 연결되어 있다. 하지만 일반적으로 시청자들은 〈댈러스〉를 텍스트라고 전제하고 다가가지 않는다. 이들에게 〈댈러스〉를 시청하는 것은 무엇보다도 하나의 **실천**이다. 틀림없이 〈댈러스〉라는 텍스트는 이 실천에서 중심적인 역할을 하지만 그 실천은 텍스트 이상의 것들로 구성되어 있다. 따라서 〈댈러스〉의 즐거움을 전적으로 텍스트로서의 속성으로부터 끌어내는 것은 오해의 소지가 있거나 적절하지 못하다. 〈댈러스〉를 시청하는 것은 일반적인 텔레비전 시청과 마찬가지로 습관의 속성과 상당히 유사한 문화적 실천이다. 즉, 늘할 수 있고 일상적이며 무료이다. 그리고 이 습관은 너무나도 자연스럽고 명백하여 지적인 용어들로 설명하기는 어렵다.

이론적인 구성은 합리화라는 속성을 가지고 있고 합리적 설명의 결과이다. 즐거움에 대한 경험도 합리화 과정으로서만 이야기할 수 있지 않은가? 그런데 즐거움은 우리의 합리적인 사고로 설명하기 어렵다. 이 점은 이론가들뿐 아니라 즐거움을 '경험'하고 '이야기'하는 사람들에게도 적용된다. 마치 나에게 '정보원'이 되어준 편지를 보내준 시청자들도 이를 깨닫고 있는 듯하다. 일부는 그들이 왜 〈댈러스〉를 시청하는 것을 좋아하는지 언어로 설명하기 위해 매우 애썼다. 그들은 이유를 거듭 설명했지만, 결국 예상과는 다르게 다음과 같은 확신 없는 표현들로 설명을 마치곤 했다.

저는 제가 왜 〈댈러스〉를 즐겨보는지 모르겠습니다.　　—편지 4번

저도 정확히 〈댈러스〉의 어떤 점이 저를 끌어당기는지 모르겠습니다. 제 생각에 배우들이 발산하는 일종의 매력이 있지 않나 싶습니다. 전 그냥 〈댈러스〉를 보는 걸 정말 좋아할 뿐이에요.　　—편지 13번

한 마디로 표현하자면, 이 드라마 안에는 모든 것들이 조금조금씩 다 들어가 있어요. 그렇게 말하면 정신 나간 이야기인지 모르겠지만 제가 〈댈러스〉에서 보는 건 그것입니다.　　—편지 16번

마지막으로 꼭 말하고 싶은 건요, 참 웃기게도 작년에는 〈댈러스〉를 도무지 끊지 못하겠더라고요. 안타깝게도 왜 그런지는 설명 못 하겠어요.
　　—편지 17번

제 생각에 〈댈러스〉는 민감한 사람들을 위한 연속극인 것 같습니다. 하지만 제가 완전히 틀렸을 수도 있어요.　　—편지 18번

제 이야기가 당신에게 유용했으면 좋겠지만 제가 왜 〈댈러스〉를 좋아하는지 말로 표현하는 건 정말 어려운 것 같습니다.　　—편지 20번

생각해보니 저의 반응으로부터 별로 중요한 것을 발견했을 것 같지 않네요. 왜냐하면 분석치고는 다소 깊이가 없으니까요. 나중에 다시 보내드리겠습니다.

— 편지 22번

우리 집에 사는 남자 여자 형제로부터 들은 의견을 적겠습니다. 〈댈러스〉 시청을 좋아하고요, 재미있고 잘생긴 사람들이 등장하고, 잘 만들어진 드라마입니다. 이들에 따르면요, 저희 아버지는 이 드라마가 완전히 쓰레기 같다고 말씀하십니다. 이 편지가 당신에게 도움이 되면 좋겠네요. 안타깝게도 드라마에 대해 말할 것이 별로 없네요.

— 편지 37번

이는 마치 편지를 보내준 시청자들의 합리적인 사고로는 〈댈러스〉의 즐거움을 설명할 수 없는 듯하다. 이들은 즐거움에 대해 설명하기 위해 최선을 다했지만, 그들이 말로 표현한 설명들이 이야기의 전부가 아니고 심지어 '올바른' 이야기가 아니라는 점을 본인 스스로도 인지하고 있었다.

즐거움은 불확실하고 변덕스러운 무언가임이 확실하다. 롤랑 바르트는 다음과 같이 진술했다. "텍스트의 즐거움이 확실치 않다는 점은 모든 사람들이 증언할 수 있다. 같은 텍스트가 우리를 또다시 즐겁게 해줄 것이라고 증명하는 것은 없다. 즐거움은 잘 부서진다. 기분, 분위기, 습관, 환경에 따라 찢어지기도 한다. 즐거움은 변덕스럽다".[46] 따라서 이론적 구성은 즐거움을 결코 완전하게 설명할 수 없다. 왜냐하면 이론이란 즐거움을 실체가 있는 무엇으로 만들고, 즐거움을 영구적이고 고정된 것으로 가정하기 때문이다. 즐거움에 관한 어떤 이론적인 접근도 근본적으로 부족하다는 결론을 위해 "우리는 섬세함이 결여되어 있기 때문에 과학적이다"[47] (과학적 섬세함이 실제로 존재할 수 있지만 즐거움의 섬세함과 다른 차원의 것이다) 라는 바르트의 주장에 굳이 동의할 필요는 없다. 역설적으로 들리겠지만 이런 결론은 낙관론을 만든다.

제3장

〈댈러스〉와 대중문화 이데올로기

〈댈러스〉와 지루함

시청자들은 본인이 왜 〈댈러스〉를 즐겨보는지 설명하기 어려워했다는 점을 이전 장에서 논의했다. 편지를 보내준 많은 시청자는 결국 그 이유를 모른다고 인정했다. 사실 이러한 불확실함은 놀랍지 않다. 왜냐하면 즐거움이란 합리적 동기로부터 발생하는 것이 아니기 때문이다. 이와 반대로 즐거움은 즉흥적인 행복감으로부터 생겨나는 것이다. 사람들은 〈댈러스〉를 시청할 때 기분이 좋고 그 때문에 〈댈러스〉를 재미있는 드라마로 인식한다. 다른 어떤 설명도 필요하지 않아 보인다. 즐거움이란 인생에 있어서 따로 설명할 필요 없이 자명한 것으로 간주되는, 사람들이 깊게 생각하지 않는 감정이다.

그러므로 〈댈러스〉의 즐거움을 결정하고 구조화하는 요인에 대해 무언가 이야기하기 위해서는 이론적 전환이 필요하다. 사실 시청자들이 보낸 편지들은 명쾌한 설명을 제공하지 않는다. 시청자들은 본인이 어떻게 프로그램을 시청하고 있으며, 〈댈러스〉의 어떤 측면을 가장 중요하고 가장 가치 있다고 생각하는지, 어떤 의미를 부여하고 있는지에 대해 서술하고 있을 뿐이다. 따라서 나는 시청자들이 〈댈러스〉를 즐겨본다고 말할 때의 의미가 무엇인지 파악하기 위해 이 편지들을 '징후적으로' 읽었고, 징후적 해독을 활용하여 적어도 이 드라마 팬들에게 감정적 리얼리즘이 소구하고 있다는 결론을 도출할 수 있었다. 보다 구체적으로 이야기하면, 이러한 리얼리즘은 비극적 감정 구조를 인식하는 것과 관련이 있는데 그러한 감정 구조는 '현실적'으로 느껴지고 시청자들에게 의미가 통하는 것이다. 이전 장에서 나는 멜로드라마 연속극에 해당하는 〈댈러스〉를 분석함으로써 비극적 감정 구조가 연속극의 내러티브 구조에서 어떻게 조직되는지(구체적으로 표현되고 실체로 만들어지는지) 제시했다. 즉, 연속극이 개인 삶에 초점을 맞추는 이데올로기적 특성, 개인 간 관계 등에서 모순적이고 갈등적인 속성은 내러티브가 끝없이 계속된다는 사실에 의해 강화된다고 설명했다.

하지만 편지를 보내준 시청자들 중 〈댈러스〉를 싫어한다고 밝힌 사람들은 어떠한가? 이들은 비극적 감정 구조에 대해 어떤 태도를 취하는가? 다음의 편지 발췌문은 〈댈러스〉 팬들이 느끼는 즐거움에 상당한 역할을 수행하는 내러티브 진전의 부재가 〈댈러스〉를 싫어하는 시청자들에게는 짜증의 원인이 되고 있음을 보여준다.

제가 생각하기에 이 연속극이 얼마나 바보 같은가 하면, 매 에피소드는 결국 같은 이야기예요. … 이 드라마는 변하는 것이 전혀 없고 모든 에피소드가 다 똑같습니다. ─편지 32번

〈댈러스〉에서는 변화라는 게 절대 없습니다. ─편지 33번

이 드라마는 늘 같은 이야기를 둘러싸고 이야기가 벌어지죠. 한 사람은 늘 비열한 계략을 꾸미고 있고, 다른 사람은 무언가를 기다리다가 마지막 순간에 다른 일이 벌어집니다. 정말 어이가 없습니다.
─편지 34번

〈댈러스〉는 프로그램 가이드에서 설명을 조금만 읽어보면 나머지는 다 생각해낼 수 있어요. 다툼과 눈물. 그리고 모든 것이 마지막에는 결국 다 괜찮아지고 다음 에피소드로 이어집니다. ─편지 36번

이 드라마를 볼 때마다 무슨 일이 벌어지는지 궁금합니다. 하지만 〈댈러스〉가 끝나면 더 많은 질문들이 생겨나지요. 저는 그것이 매우 바보 같다고 생각합니다. … 너무 장황해요. ─편지 37번

〈댈러스〉가 제공하는 비극적 감정 구조의 상상력은 이 드라마를 싫어한다고 밝힌 시청자들에게는 완전히 무의미한 것으로 보인다. 이들이 좋은 텔레비전 연속극에서 기대하는 것은 완전히 다른 종류인지도 모른다. 이들이 정의하는 재미는 〈댈러스〉가 제공하는 것과 일치하지 않는 것 같다. 편지를 보내준 한 시청자는 이 점을 매우 뚜

렷하게 밝혔다. "글쎄요. 개인적으로 저는 차라리 〈로알드 달〉(영국 드라마)을 시청합니다. 왜냐하면 '이제 이런저런 일이 일어나겠다'라고 예상하면 그 예상이 틀리다는 것을 알게 되지요. 결코 예측할 수가 없어요"(편지 36번). 그러므로 〈댈러스〉의 '장황한' 내러티브 구조, 드라마의 '끝없이 늘어나는 중간 부분'과 이로 인한 내러티브 진전의 부재는 이런 시청자들에게는 즐거움의 이유가 아닌 따분함의 원인이 되고 있음을 알 수 있다.

따라서 우리는 〈댈러스〉를 좋아하지 않는다고 밝힌 시청자들에게서도 이 드라마의 텍스트 구조에 관한 시사점들을 발견할 수 있다. 하지만 이들에게 이러한 시사점이란 즐거움이 아니라 짜증을 경험하게 하는 표식들이다. 이들은 〈댈러스〉를 시청할 때 좋은 기분을 느끼지 않는다. 지루함과 짜증이라는 감정들 또한 매우 즉흥적으로 발생하는 것들이다. 이러한 경험에 대해서도 일반적으로 우리는 인과관계의 설명을 찾으려 하지 않는다. 누군가가 물어보았을 때만 시청자들이 가진 부정적 감정이 발생하는 이유들에 대해 생각해 볼 것이다. 〈댈러스〉를 좋아한다고 밝힌 시청자들의 경우처럼, 비평가들이 〈댈러스〉에 짜증을 느끼는 이유를 일관적이고 합리적으로 설명하기 어려워하더라도 그리 놀랄 일은 아니다.

하지만 여기서 주목할 점은, 프로그램을 싫어한다고 밝힌 시청자들에게서는 프로그램의 애청자들에게서 발견되었던 불확실성에 대한 흔적을 찾아볼 수 없었다는 것이다. 이와 반대로 시청자들은 본인들이 〈댈러스〉를 싫어하는 사실을 지극히 당연한 것으로 생각하고 이에 대한 합리성을 굳게 믿고 있었다. 이들의 자신감은 다음 편지의 발췌문에 뚜렷이 나타나고 있다.

이 드라마는 개성이 전혀 없고 이야기는 매우 후졌습니다. 이 드라마
는 **단순히** 상업적 성공을 거둔 것입니다.　　　　── 편지 34번, 강조 추가

〈댈러스〉는 저를 점점 더 화나게 만들어요. 이 드라마의 목적은 **단지**
돈을 쓸어 모으는 것이지요.　　　　　　　　　── 편지 35번, 강조 추가

이 연속극에는 **정말** 아무것도 없습니다. **정말** 아무 내용도 없고 언제나
좋은 결과로 끝납니다.　　　　　　　　　　　── 편지 33번, 강조 추가

이 드라마에 나오는 여성들의 외모는 다 뛰어난데 그 점이 **당연히** 매우
역겹습니다.　　　　　　　　　　　　　　　── 편지 38번, 강조 추가

　편지에서 사용되는 '단순히', '단지', '당연히'와 같은 단어들은,
시청자들이 이러한 의견을 제공하는 것에 대해 전혀 어려움을 느끼
고 있지 않을 뿐 아니라 본인 생각이 맞는다고 확신하고 있음을 보
여준다. 이들은 자신의 논거가 확고하다고 느낀다. 그렇다면 이러
한 내용의 편지를 보내준 시청자들은 왜 본인의 주장에 대해 자신만
만한 태도를 가지고 있는 것일까?

〈댈러스〉를 싫어하다

〈댈러스〉를 싫어하는 시청자들이 보내준 편지에서는 확실하고 자신감 넘치는 어조가 드러났을 뿐 아니라 상당한 분노, 짜증, 분개함도 드러났다. 이들은 〈댈러스〉를 싫어할 뿐 아니라 이 드라마에 대해 화가 난 것 같다. 이 드라마를 싫어한다고 밝힌 많은 시청자들은 그 이유에 대한 논리를 강조했는데 프로그램을 평가함에 있어서 다음과 같은 강한 단어를 많이 활용했다. '가치 없는 쓰레기', '바보 같은 연속극', '제일 터무니없는 것', '허풍', '끔찍한', '짜증 나는', '지독한', '어리석은', '어이가 없는', '역겨운' 등등.

　하지만 시청자들이 단순히 분노와 불만을 감정적으로만 표현한 것은 아니다. 이들은 본인이 〈댈러스〉를 싫어하는 합리적인 이유를 설명하기 위해 상당한 분량을 할애하고 있었다. 예를 들어 일부는 〈댈러스〉에 대한 본인의 혐오를 정당화하기 위해 드라마의 이야기를 '전형적'이라고 비난했는데, 특히 여성들의 재현에 관련된 부분에서 그런 경향이 두드러졌다.

　　저택, 수영장, 큰 자동차, 엄청난 돈 등 이상적으로 그려지는 삶이 관심의 중심이 됩니다.　　　　　　　　　　　　　　　　　　 ― 편지 35번

제가 역겹다고 느낀 것은 드라마에 등장하는 여성들이 그토록 완벽하고 아름답지만 동시에 비굴하기도 하다는 점입니다. 수 엘런을 예로 들어보겠습니다. 수 엘런은 마치 매우 용감하고 잘 싸우고 견딜 것 같

지만 '이혼'이라는 단계를 밟을 엄두를 못 냅니다. 제가 말하고 싶은 것은 수 엘런이 좋은 의도를 가지고 있지만 결국 남들이 자기를 깔고 뭉개도록 내버려 둔다는 것이죠. 왜냐하면 제이 알이 원하는 것처럼 외부 세계에는 이들이 완벽한 부부처럼 보여야 하거든요.

그리고 보비의 아내 패멀라 이야기입니다. 최근에 본 에피소드에서 보비는 어떤 (스스로 자부심을 가지는) 정치활동을 하느라 바쁜 상황입니다. 어떤 남자들이 유잉 사무실에 방문합니다. 보비는 패멀라에게 커피를 내올 수 있는지 물어봤습니다. 그녀는 거절할 것같이 보였지만 착한 어린 소녀와 같이 시키는 대로 하지요. 물론 패멀라가 망설였다는 사실 때문에 거부할 수 있겠다고 생각할 수 있겠지만, 그녀가 정말 거부했다면 남성들이 보여줄 충격에 가득 찬 얼굴을 상상해 보세요. 역겹죠. 하지만 누가 알겠어요? 어쩌면 패멀라가 혼외관계를 시작할지 모르겠어요(그녀가 매우 아름답다는 걸 인정할 수밖에 없잖아요). 그럼 정말 재밌을 텐데요.

이것들이 〈댈러스〉가 보여주는 여성들의 열등한 역할에 대한 두 가지 사례입니다. 늘 마음속으로만 비난하고 결국 아무것도 하지 않는 땅딸막한 작은 금발 여성과 그 어머니에 대한 이야기를 아직 하지도 않았습니다. 사랑에 눈이 멀어서 그런 건가요? 자기 남편에 대해 비판하면 안 되는 건가요?　　　　　　　　　　　　　　　　　　－편지 31번

〈댈러스〉에 대해 이야기해보지요. 이 연속극이 시작했을 때 전 정말 싫어했습니다. 제 관점에서는 캐릭터들이 완전히 비현실적이었는데, 특히 여성 캐릭터들이 그랬기 때문이지요. 〈댈러스〉 전체에서 못생긴

여성은 한 명도 없습니다. 이 드라마에 나오는 여성들의 외모는 다 뛰어난데 그 점이 물론 매우 역겹습니다. 남자들은 모두 성공한 사업가들이고 엄청나게 돈이 많습니다. 여자들은 남자들에게 굽실거리고 언제나 그런 식으로 행동합니다.　　　　　　　　　　　　　　　　　　　　一 편지 38번

〈댈러스〉에 대한 제 개인적 의견을 말씀드리자면 끔찍한 싸구려 연속극이라는 생각입니다. 이런 연속극 안에서 가장 말도 안 되는 극적인 이야기를 설정하고 매번 잘 꾸려나가는 걸 보면 정말 존경스러울 정도입니다. 매회 가족 구성원들 모두 논스톱으로 울지요(물론 여성들만요. 당연하지만 남성들은 우는 것이 허락되지 않아요).　　　　一 편지 36번

〈댈러스〉의 내용에 대한 이러한 비판들은 제작자들에게 진정성이 결여되었다는 반감과 결합된다. 시청자들은 이 드라마를 상품으로 간주하기 때문에 〈댈러스〉를 일종의 사기라고 생각한다.

당신은 … 우리가 〈댈러스〉에 대해 어떻게 생각하는지 말해 달라고 하셨죠? 글쎄요. 제가 드리고 싶은 말씀은 〈댈러스〉는 완전히 터무니없는 것이라는 겁니다. 연속극 전체가 돈과 관련된 이야기예요. 마치 〈페이톤 플레이스〉(미국 드라마) 같이 말이에요. 그 드라마도 오래된 쓰레기예요.　　　　　　　　　　　　　　　　　　　　　　一 편지 33번

이 드라마는 개성이 전혀 없고 이야기는 매우 후졌습니다. 이 드라마는 단순히 상업적 성공을 거둔 것입니다.　　　　　　　　　一 편지 34번

〈댈러스〉는 저를 점점 더 화나게 만들어요. 이 드라마의 목적은 단지 돈을 쓸어 모으는 것이지요. 아주 많은 돈. 이를 위해서 사람들이 섹스, 미모의 사람들, 엄청난 돈과 같은 갖가지 수단을 사용하지요. 높은 시청률을 올리기 위해서죠. 그리고 항상 이런 이야기에 속아 넘어가는 사람들이 있습니다. ㅡ편지 35번

하지만 〈댈러스〉에 대한 가장 포괄적이고 전체적인 비난은 다음 편지에 나타난다.

〈댈러스〉에 대한 제 의견이요? 글쎄요. 당신에게 제 의견을 줄 수 있어 기쁩니다. 이 드라마는 '어떤 가치도 없는 쓰레기'라고 말할 수 있겠습니다. 저는 이 프로그램이 전형적인 미국 프로그램이라고 생각해요. 단순하고, 상업적이고, 고정관념으로 가득 차 있고, 기만적이지요. 많은 미국 드라마들은 돈과 선정적인 사건들을 중심으로 진행됩니다. 돈은 결코 문제가 되지 않아요. 모든 사람은 사치스럽게 살고 있고 기막히게 좋은 자동차와 술을 잔뜩 가지고 있죠. 이런 이야기들 자체는 그리 중요하지 않아요. 드라마를 보면서 어떤 생각도 할 필요가 없어요. 이들이 당신을 위해 생각하는 겁니다. ㅡ편지 31번

이러한 모든 비난들은 동일한 기능을 가진다. '전형적인', '상업적인'과 같은 범주들은 설명을 위해 사용되는 단어일 뿐 아니라 도덕적 지위와 감정적 반응을 담고 있다. 이 범주들은 편지를 써준 시청자들이 〈댈러스〉를 싫어하는 설명들로 기능한다. 이러한 설명들은 매

우 설득적으로 들리지만 여기서 이런 질문을 해볼 수 있다. 이러한 설명은 언뜻 보이는 것처럼 균형 잡힌 설명인가?

나는 편지를 보낸 시청자들이 페미니즘적, 반자본주의적 시각에서 표출하고 있는 걱정의 진정성에 의구심을 제기하는 것이 아니다. 내가 제기하고자 하는 질문은, 〈댈러스〉 시청에 대한 감정적 반응인 불쾌감을 대중문화 생산물로서 드라마에게 부여되는 부정적 평가와 직접적으로 연결하는 것이 논리적인지 여부이다. 누군가가 〈댈러스〉를 즐겨 본다고 할 때 그 시청자는 이 프로그램이 가진 '상업적'이고 '전형적'인 속성을 이미 인식하고 있을 수 있다. 따라서 〈댈러스〉를 즐긴다는 것이 이 드라마가 생산되는 제작의 맥락 또는 이데올로기적 내용들에 대한 정치적, 도덕적 비난을 배제한다는 뜻은 아니다. 반면 〈댈러스〉를 싫어하는 사람들은 드라마에 대한 평가와 상업성, 전형성이라는 범주를 연결함으로써 안전감을 느낀다. 이러한 범주는 이들로 하여금 그들이 〈댈러스〉를 싫어하는 이유를 정당화하고 신뢰할 수 있게 하며 전적으로 이해할 수 있도록 한다. 이 범주들은 〈댈러스〉를 싫어하는 시청자들의 관점이 옳다는 확신을 주고 드라마에 관한 분노를 거리낌 없이 표출할 수 있도록 돕는다.

상업성, 전형성과 같은 범주들은 대중문화라는 형태가 우리 사회에서 가지는 의미를 부여하는 이데올로기적 담론의 핵심적 요소를 형성한다. 이것이 앞으로 논의할 대중문화 이데올로기(*ideology of mass culture*)이다. 〈댈러스〉를 싫어하는 사람들의 자신감을 이해하기 위해서 우리는 대중문화 이데올로기를 보다 자세히 들여다볼 필요가 있다.

대중문화 이데올로기

〈댈러스〉는 많은 사람이 시청한 프로그램일 뿐 아니라 많은 사람이 논의한 프로그램이기도 하다. 많은 사람이 이 연속극에 대해 이야기했고 글을 썼다. 〈댈러스〉에 대한 공적 담론들은 다음과 같은 질문들에 대한 대답의 틀을 제공해주었다. 텔레비전 연속극에 대해 나는 어떤 생각을 가져야 하는가? 내 의견을 그럴듯하게 보이기 위해 어떤 주장을 해야 하는가? 나와 다른 의견을 가진 사람들에게 어떻게 반응해야 하는가? 하지만 기존에 있는 담론들이 이와 같은 질문들에 대한 만족스러운 대답을 주는 것은 아니다. 어떤 담론들은 다른 담론들에 비해 더 인정받으며 더 논리적이고 설득적이며 〈댈러스〉와 같은 텔레비전 프로그램들의 사회적 이미지를 형성하는 데 더 성공적이다.

요즘 많은 유럽 국가들에서는 미국 텔레비전 연속극에 대한 반감이 공식적인 형태로 존재한다. 대체로 미국 텔레비전 연속극은 자신의 국가 문화에 위협이 되는 존재로 간주되고 있고 고결한 문화가치를 약화시킨다고 여겨진다.[1] 이러한 이데올로기적 관점에는 텔레비전 비평가들, 사회과학자들, 정치인들과 같은 전문 지식인들이 미국 텔레비전에 대한 일관성 있고 정교한 '이론'을 만드는 데 많은 에너지를 써 온 배경이 있다. 매스 커뮤니케이션 사회학은 텔레비전에 대한 대표적이고 유용한 이론을 만들었다.

텔레비전 시리즈의 가장 중요한 속성은 영상 콘텐츠가 경제적 시장성에 의존적이라는 점이다. 매우 넓은 시장을 겨냥한다는 것은 그 콘텐츠가 반드시 보편적으로 소비될 수 있는 소재들로 축소되어야 함을 의미한다. 이 점은 특별히 '상업적'으로 포장되는 미국 연속극에 잘 적용된다. … 미국 텔레비전 시리즈의 상업적 성격은 사회적이고 정치적인 태도들을 구체적으로 소개하는 것을 방해한다. 왜냐하면 이러한 작업은 다양한 집단 내 논쟁들을 유발할 수 있기 때문이다. … 미국 드라마는 '보편적으로 소구할 수 있는' 속성을 가지고 있고 익숙하고 일상화된 요소들을 다루고 있다. 성공한 연속극들의 필수적 요소들은 로맨틱한 사랑, … 선과 악의 단순한 패턴들, 긴장감 고조, 클라이맥스와 안도감 … 을 포함한다. 인간이라는 존재를 단순하게 축소시키는 것은 텔레비전 콘텐츠를 폭넓은 관객들이 인지할 수 있음을 의미하고, 현실에 대한 정형화되고 도식화된 이미지를 제공한다는 것을 의미한다. … 이러한 관점에서 텔레비전 시리즈는 일차적으로 경제적인 기능들을 성공적으로 수행하고, 시청자들의 다양한 집단을 유혹하는 데 실패하지 않으면서도 부르주아 이데올로기를 재생산하는 데 성공할 수 있다. 2

누군가는 텔레비전 연속극이 제작되는 경제적인 조건과 연속극의 미학 및 내러티브 구조 사이에 직접적 관련성이 있는지 의문을 가질지는 모르겠지만, 상업주의적인 미국 텔레비전 산업의 작동 방식에 대한 기술로서 이러한 설명은 어느 정도 적절한 통찰력을 제공해주고 있음은 명백하다. 미디어 연구 진영에서는 이와 같은 투박한 경제 결정주의를 종종 비판했지만 이 이론의 핵심은 적절한 것으로 받아들여지는 경향이 있다. 그러나 여기서 흥미로운 점은 이 이론 자체가 가지고 있는 적절성 또는 타당성이 아니라 이론적 요소 중 일부가 미국 텔레비전 시리즈에 대한 평가에 개입하는 방식이다. 만약 하나의 이론이 가진 주장들이 사람들이 머릿속에서 **감정적인 기능**을 수행한다면 그 이론은 이데올로기적인 기능을 수행하는 것이 된다. 테리 이글턴(Terry Eagleton)이 지적한 바와 같이, "하나의 이데올로기적 담론의 인지적인 구조는 그 담론이 가지고 있는 감정을 자극하는 구조에 종속되어 있다는 점을 인식하는 것이 중요하다. 대체로 이론이 포함하고 있는 감정적 '의도성'의 요구에 따라 이론이 담고 있는 인지 또는 잘못된 인지가 표현된다". 3

감정적인 측면에서는 위에서 기술한 이론은 미국 텔레비전 연속극에 대한 전적인 거부나 비난으로 이어진다. 미국 텔레비전 연속극은 '나쁜 대상'이 된다. 나는 이러한 성향을 '대중문화 이데올로기'라고 부르고자 한다. 대중문화 이데올로기에서 일부의 문화적 형태 — 대부분 미국적인 틀에서 만들어진 매우 인기 많은 문화 상품들과 실천들 — 는 **더 말할 것도 없이** '나쁜 대중문화'라는 꼬리표가 붙는다. '대중문화'는 분명히 부정적인 의미들을 불러일으키는 폄하적인 단어이다. ● '나쁜 대중문화'와 반대가 되는 '좋은 문화'라는 무언가가 암시적으로 또는 노골적으로 구성된다. 편지를 보내준 한 시청자는 '나쁜' 문화와 '좋은' 문화의 이분법에 대해 명확하게 표현했다.

● 대중문화 이론들에 대한 평가에 대해 다음 저서를 참조할 것. A. Swingewood, *The Myth of Mass Culture*, Macmillan, Basingstoke, 1977.

〈댈러스〉에서는 이 세계에서 벌어지는 어떤 현실적인 문제들, 즉 평범한 사람들의 문제들에 대해 관심을 두지 않습니다. 심지어 미국에서도 사회적 평등은 아주 먼 이야기입니다. … 차라리 좋은 책을 읽거나 〈쿳엔비에〉(Koot en Bie: 교양 프로그램)을 시청하겠다는 뜻입니다.

— 편지 31번

미국 텔레비전 연속극에 관한 한 대중문화 이데올로기가 너무 지배적이어서 네덜란드 방송재단 회장인 에릭 유겐스(Eric Jurgens)는 주저함 없이 말했다. "네덜란드 방송 조직들이 〈댈러스〉를 방송하기 위해 존재하는 것은 당연히 아닙니다. … 이러한 미국 연속극들이 높은 수준의 콘텐츠라고 주장하는 **사람은 아무도 없을 겁니다.** 이 연속극들은 아주 영리하게 만들어졌습니다". 4 여기서 대중문화 이데올로기는 절대적 진실의 지위를 가졌다. 대중문화에 대한 비판적 평가가 이루어지고 이에 대해 의심할 여지가 없다.

하지만 대중문화 이데올로기가 주는 감정적인 매력은 전문 지식인들의 상류 사회에만 국한된 것은 아니다. 이미 살펴본 바와 같이 편지를 보낸 사람 중 〈댈러스〉를 싫어하는 시청자들 역시 이러한 판단을 하고 있다. 대중문화 이데올로기는 〈댈러스〉와 같은 현상에 대한 평가에 있어서 독점적인 위상을 차지하고 있기 때문에 너무 명백하고, 어떤 부담이나 주저함 없이 사용되도록 잘 만들어진 개념들을 제공한다. 대중문화 이데올로기는 심지어 일상적 사고에서의 상식으로 확장된다. 평범한 사람들에게도 대중문화 이데올로기는 〈댈러스〉 같은 문화적 형태를 평가함에 있어서 신뢰할 만한 해석의 틀을 제공하는 것 같다.

따라서 〈댈러스〉를 싫어하는 시청자들은 이 프로그램을 거부하는 지침으로서 대중문화 이데올로기를 받아들인 것으로 보인다. 때문에 개인의 경험과 사회 이데올로기와의 경계가 불분명해지는 성향이 있다. 〈댈러스〉에 대한 이들의 의견은 '대중문화'로서 〈댈러스〉에게 사회적으로 부여되는 지배적 이데올로기의 관점에서 기술되고 있다. 따라서 대중문화 이데올로기는 프로그램 자체에 대한 (부정적인) 꼬리표를 제공할 뿐 아니라 〈댈러스〉를 싫어하는 많은 사람들이 그들이 느끼는 불쾌감을 설명하는 틀로 기능한다. 간단히 표현하자면 이 드라마를 싫어하는 사람들의 논리는 다음과 같이 요약될 수 있다. '〈댈러스〉는 대중문화이기 때문에 분명히 나쁜 것이고 내가 싫어하는 이유이기도 하다.' 또한 대중문화 이데올로기는 시청자들에게 편안함을 주고 안심시켜주는 기능을 한다. 이 이데올로기는 설득적이고 논리적이라고 간주되며 합리성이 발산되고 그 자체로 완결된 설명 모델을 제공하기 때문에 보다 정교한 설명과 개인적인 평가를 불필요하게 만든다.

하지만 〈댈러스〉를 싫어한다는 것과 대중문화 이데올로기에 동의하는 것이 반드시 일치하지는 않는다. 텔레비전 연속극 자체에 끌리지 않는 이유에는 다른 요소들도 있을 수 있다. 하지만 〈댈러스〉를 싫어하는 사람들이 써준 편지들은 대중문화 이데올로기에 따라 구조화된 성향이 강하므로 이들이 프로그램을 시청하는 방식, 이들이 프로그램에 부여하는 의미에 대한 통찰력을 제공하지 못한다. 따라서 본인 의견에 대한 자신감을 드러냈음에도 불구하고 이들이 진정 왜

〈댈러스〉를 좋아하지 않는지는 여전히 어려운 질문으로 남는다.

조롱적 시청태도

대중문화 이데올로기를 받아들인 시청자들이라고 모두 〈댈러스〉를 싫어하는 것 같지는 않다. 이와 반대로 편지를 보낸 시청자들 중 일부는 이 드라마를 좋아한다고 노골적으로 밝혔지만 동시에 대중문화 이데올로기가 규정하는 규범과 판단을 활용하기도 했다. 이것이 어떻게 가능한가? 한편으로는 〈댈러스〉를 '나쁜 대상'으로 간주하고 다른 한편으로는 〈댈러스〉를 시청하면서 즐거움을 경험하는 것은 다소 모순적으로 보인다. 하지만 편지들을 자세히 읽어보면 이렇게 명백한 모순은 독창적인 방식으로 해결될 수 있음을 알 수 있다. 어떻게 가능한 것인지 다음의 예를 살펴보자.

> 〈댈러스〉 … 아이고 맙소사. 저에게 물어보지 마세요. 전 이 드라마에 제대로 걸려들었습니다. 하지만 얼마나 많은 사람이 저에게 '난 네가 자본주의에 반대하는 줄 알았는데?'라고 말하는지 모르실 겁니다. 저는 실제로 그런 사람입니다. 하지만 〈댈러스〉는 너무 엄청나게 과장된 것이고 자본주의자들과 전혀 관련이 없습니다. 이런 말도 안 되는 드라마를 만들어내는 건 대단히 뛰어난 능력이죠. ─편지 25번

이 편지를 보내준 시청자가 대중문화 이데올로기의 도덕과 〈댈러

스〉에서 경험하는 즐거움 사이의 모순을 어떻게 '해결'하는지는 분명하다. 바로 조소(mockery)와 조롱(irony)을 활용하는 것이다. 편지를 보내준 시청자들의 한 부류는 〈댈러스〉를 조롱의 대상으로 만들고 있었다. 이들은 〈댈러스〉를 시청할 때 조롱적인 태도를 취하고 있었는데, 편지에서 이에 대해 자세하게 기술하고 있었고 이를 즐기는 모습이 역력했다. 조롱적 시청태도의 중요한 요소는 논평을 제공한다는 것이다. 미셸 푸코(Michel Foucault)에 따르면 논평이란 하나의 대상을 지배할 목적을 가지는 담론의 일종이다.5 무언가에 대한 논평을 제공함으로써 그 대상에 대한 우월적인 위치를 확인하게 된다. 따라서 시청자들의 조소적인 논평들 역시 〈댈러스〉를 '지배하고' '궁지에 몰아세운다.' 스스로 '열렬한 〈댈러스〉 시청자'로 밝힌 두 명은 이것이 이루어지는 방식을 보여준다.

우리는 한 주도 이 프로그램을 놓치지 않고 마치 꿀단지에 붙어 있는 두 마리 파리처럼 텔레비전에 딱 달라붙어 있습니다. 처음에는 순전히 호기심으로 이 프로그램을 시청했어요. 지금은 이 프로그램에 완전히 빠져있습니다. 대부분의 경우 우리는 여러 사람들과 프로그램을 함께 시청하고 함께 웃고 소리 지르고 고함을 치기도 하지요. … 우리는 이 프로그램에 우리 자신만의 색깔을 약간 더했어요. 이름을 바꾸는 것처럼요. 예를 들어 패멀라는 메멜라로, 미스 엘리는 미스 렐리, 수 엘런은 소드 엘런으로 부르곤 합니다. 심지어 저희는 〈댈러스〉 캐릭터를 위해서 집에 게시판까지 마련해 놓았어요. 우리 중 누군가가 〈댈러스〉를 시청하지 못하게 되면 놓친 에피소드에 대한 리포트를 작성합니

다. 이 게시판은 풍부한 내용이 담겨 있어요.　　　　　　─ 편지 28번

〈댈러스〉에 대한 논평은 일종의 의식 (*ritual*) 이 되었다. 물론 이러한 내용을 적어 보내준 시청자들은 〈댈러스〉라는 프로그램 자체는 전혀 즐기지 않는다. 이들이 즐기는 것은 드라마에 대한 쏟아내는 조롱이다. 지그문트 프로이트 (Sigmund Freud) 에 의하면 조롱은 반대의 기제에 기반을 둔다.

조롱의 본질은 한 사람이 다른 사람에게 전달하고자 하는 것의 반대를 이야기하는 데 있다. 모순을 이야기하지만 ─ 목소리 톤에 의해, 수반되는 몸짓에 의해, 또는 (글쓰기와 관련해서는) 문체상의 작은 암시 등을 통해 ─ 한 사람이 의미하는 것은 그가 말한 것의 반대라는 것을 이해하도록 하는 것이다. 6

여기에 우리가 추가할 것은 조롱의 효과가 반드시 단어의 의미를 뒤집는 것으로 발생하는 것만은 아니고, 대상의 의미를 뒤집음으로써 실현될 수도 있다는 점이다. 따라서 조롱적인 논평을 통해 〈댈러스〉는 심각하게 의도된 멜로드라마에서 그 반대의 것, 즉 비웃음의 대상이 되는 코미디로 변형된다. 따라서 비꼬는 수용자들은 텍스트가 제공되는 방식 그 자체로 받아들이지 않고 비꼬는 논평으로 텍스트의 의미를 뒤집어 버린다. 이를 통해 놀라운 해석을 만들어낸다.

어떤 경우에는 이 드라마가 〈소프!〉랑 비슷한 것 같습니다. 하지만 덜 풍자적이죠.

— 편지 29번

〈댈러스〉는 터무니가 없죠. 제가 좋아하는 또 다른 프로그램은 〈소프!〉입니다.

— 편지 30번

시청자들이 〈댈러스〉를 다른 프로그램도 아닌 〈소프!〉와 연결하고 있다는 점은 경탄할 만하다. 〈소프!〉는 연속극을 노골적으로 패러디하는 코미디 연속극으로, 멜로드라마가 감정적으로, 감상적으로 소구하는 속성을 비웃을 수 있도록 과장하기 때문이다. 그런데 이들 시청자들이 〈댈러스〉와 〈소프!〉를 동일한 범주에 놓은 것은 우연이 아니다. 이러한 비교는 특정한 이데올로기의 작용에 의해서 가능하며 특정한 이데올로기를 통해서만 의미를 만들 수 있다. 대중문화 이데올로기는 이러한 이데올로기로 적당한데, 그 이유는 〈댈러스〉를 그 자체로 '나쁜 대상'으로 간주하고 손쉽게 조롱과 패러디의 대상으로 만들어버리기 때문이다.

하지만 대중문화 이데올로기를 〈댈러스〉에 대한 조롱적 태도를 결정하는 유일한 요소로 간주하는 것은 너무 단순한 주장이다. 대중문화의 어떤 형태들은 다른 형태들보다 더 쉽게 조롱적 태도를 유발한다. 멜로드라마 연속극은 이러한 조롱적 태도에 매우 취약한 장르이다. 멜로드라마는 열정, 감성, 절망이라는 감정을 자극하지만 시청자들을 납득시킬 수 있는 정도에 따라 성공과 실패가 좌우된다. 다시 말하면 시청자들이 연속극의 과장된 세계와 동일시할 수 있을 때만 멜로드라마적 효과가 작동한다. 그렇지 않다면 시청자는 본인을 드라마 세계의 외부인이라고 느끼고, 감정을 멜로드라마적으로 과장하는 것은 전적으로 무의미하고 터무니없는 것으로 느낄 것이다. 따라서 멜로드라마적 연속극은 쉽게 조롱의 대상이 된다. 시청자들이 객관적인 잣대로 시청한다는 것은 멜로드라마에게는 끔찍한 일이다.

하지만 조롱적인 태도는 대중문화 이데올로기의 법칙들('〈댈러스〉는 나쁜 것이라고 받아들여야 한다')과 즐거움을 경험하는 것('〈댈러스〉는 너무 나쁘기 때문에 〈댈러스〉를 보는 것이 흥미롭다') 사이의 타협을 가능하게 해준다. 다음 시청자들은 편지에 이와 같이 이야기했다.

저는 대부분 매우 우월한 감정을 느낍니다. 예를 들어 〈댈러스〉에는 정말 멍청한 바보들이 많이 나오는 것 같아요. 그리고 드라마를 비웃을 수 있습니다. 때로는 드라마가 과도하게 감정적이라고 생각됩니다. 드라마에 대해 호의적인 평가를 하자면 이 드라마는 결코 지루하지 않아요.　　　　　　　　　　　　　　　　　　　　　　　　—편지 29번

느끼셨겠지만 저는 〈댈러스〉를 많이 시청합니다.（좀 거만하게 들리실지 모르겠네요.） 저는 이 드라마가 너무 끔찍해서 재미있어요(무슨 말인지 아실 거라 믿습니다). 예를 들어, 제가 만약 미스 엘리의 역할을 해야 하고 가슴을 도려내야 하는데 자크가 선한 의도를 가지고 저를 위해 걱정하는 상황이라면 정말 포복절도할 것 같습니다.　　　—편지 36번

조롱하는 논평은 〈댈러스〉가 재현하는 현실과 거리를 만들어낸다. 이런 방식으로 대중문화 이데올로기의 규범에 동의하는 사람들은 〈댈러스〉를 즐길 수 있다. 조롱은 주도적인 역할을 하며 이와 같은 시청태도는 즐거움을 경험하기 위한 필수조건이 된다. 따라서 대중문화 이데올로기의 규범과 〈댈러스〉를 좋아하는 것 사이의 갈등이 사라진다. 조롱하는 것, 즉 본인 자신과 '나쁜 대상'으로서 〈댈러스〉 사이에 거리를 만듦으로써 〈댈러스〉를 즐길 수 있게 된다. 이는 위에서 인용한 '열렬한 〈댈러스〉 시청자'의 경우이다. 다음 편지를 보내준 시청자의 시청태도 역시 조롱적인 논평이라는 권력을 행사하는 것에 의해 상당 부분 결정되었음을 보여준다.

왜 〈댈러스〉를 시청할까요? 저처럼 진지하고 지성적인 페미니스트가 왜 〈댈러스〉를 즐겨 볼까요? 이 드라마는 제 안에 있는 원초적인 감정들을 분출시켜줍니다. 이 드라마를 보면서 저는 혼란스럽고 싫어하고 사랑하고 혐오하고 역겨움을 느끼고 비난하고 때로는 눈물을 훔치기도 합니다. 개인적으로 저는 '밀즈와 분'(Mills and Boon: 통속 연애 소설로 유명한 출판사)과 거리를 둡니다. 하지만 〈댈러스〉를 위해서는 저녁 수업을 무단결석할 준비가 되어있습니다. … 제가 여가 때 읽는 90%의 책은 페미니스트 서적들입니다. 하지만 제가 〈댈러스〉를 제 여성 친구와 함께 시청할 때 패멀라가 목 부위가 깊이 파인 옷을 입고 계단을 내려오면 우리들은 미친 듯이 소리를 지릅니다. 저런 걸레를 봐라. 패멀라가 뽐내며 걷는 모습을 봐. 패멀라는 프란셀라〔뽐내다는 뜻의 '프란스'(prance)와 '패멀라'를 결합한 단어〕라고 불려야 한다. 보비는 제 큰오빠처럼 괜찮은 녀석이에요. 자크는 제 아버지 같습니다. 그래서 이들을 매우 싫어하지요. 수 엘런은 신경증적이지만 참을 만합니다. 제이 알은 마치 위겔(네덜란드 우익 정치인) 같이 웃고 저를 분노하게 만들지요. 루시는 믿기 어려울 정도로 아름답고, 미스 엘리는 가슴 수술 때문에 그다지 낯설게 느껴지지 않습니다. … 저는 마치 집단치료처럼 친구들과 함께 있으면 〈댈러스〉에 관한 이런저런 점들을 솔직하게 다 이야기하고 싶어요.

— 편지 24번

조롱적인 시청태도는 이 시청자를 〈댈러스〉보다 우월한 위치로 올려준다. 이와 같은 방식으로 한 명의 '진지하고 지성적인 페미니스트'는 〈댈러스〉에서 즐거움을 경험할 수 있다. 위 편지의 내용은 결국 다음과 같다. "물론 〈댈러스〉는 대중문화이기 때문에 형편없는 것입니다. 하지만 저는 그 사실을 너무 잘 알고 있기 때문에 〈댈러스〉를 즐길 수 있고 조롱할 수 있는 것입니다".

다음 편지를 보낸 한 여성 시청자도 본인의 시청태도를 유사한 방식으로 설명했다.

저는 정기적으로 〈댈러스〉를 시청하고 매우 즐겨보고 있습니다. 저의 모든 여성 친구들은 〈댈러스〉를 시청하는데요, 이 드라마 전체에 대해 욕하는 것은 대단히 재미있는 일입니다. 드라마의 수준은 떨어진다고 생각하지만 일종의 매력이 있어요. 엄청난 돈, 아름다운 사람들, 선과 악의 극명한 차이. 이 드라마를 보는 건 마치 가십 잡지를 읽는 것 같아요. 뭐든 보고 흘려보내면 되고 아무도 생각할 필요가 없어요. 그냥 재밌는 거죠. … 이렇게 실제로 있을 법하지 않은 일들이 애정 소설에서도 똑같이 발생합니다. 나쁜 병, 진정한 사랑 등등.

— 편지 26번

이 여성 시청자는 다음과 같은 말로 편지를 마쳤다. "〈댈러스〉를 보는 것은 즐겁지만 때때로 현실적인 내용의 책, 좋은 영화가 필요하지요. 감상적으로 절망에 빠지지 않기 위해서요".

여기서도 우리는 익히 알려진 '좋은 문화'와 '나쁜 문화' 사이의 대립을 볼 수 있다. 비록 이 시청자는 대중문화를 싫어하지만 즐길 수 있고, 이런 종류의 즐거움은 '좋은 문화'를 소비할 때의 즐거움과 비교했을 때 전적으로 다르며 덜 고상한 즐거움이라는 점에서 '대중문화'를 '나쁘다'고만 생각하지 않지만 말이다.

〈댈러스〉를 싫어한다고 한 시청자들과 마찬가지로 〈댈러스〉를 조롱하는 팬들에게 대중문화 이데올로기는 상식이 되어 버렸다. 이들에게 〈댈러스〉는 너무 명백한 '나쁜 대중문화'이다. 하지만 조롱이라는 무기는 〈댈러스〉를 시청할 때 생겨나는 즐거움을 억누를 필요가 없게 해준다. 조롱은 이들로 하여금 양심의 가책을 느끼지 않고 즐길 수 있도록 해주기 때문이다. 대중문화 이데올로기라는 대중문화를 무시하는 규범은 조롱적인 시청태도와 자연스럽게 통합된다.

이미 논의한 바와 같이 〈댈러스〉를 싫어하는 사람들은 그 이유를 설명하는 데 어려움을 느끼지 않는다. 이들은 항상 대중문화 이데올로기라는 즉각적인 판단을 끌어들일 수 있기 때문이다. 〈댈러스〉를 조롱하면서 동시에 즐기는 것은 희열과 유쾌함을 가지고 오지만,

〈댈러스〉를 싫어하는 것은 분노와 짜증을 동반한다. 이는 좋은 감정들이 아니다. 따라서 〈댈러스〉를 **싫어함에도 불구하고** 그 유혹을 벗어날 수 없어 이 드라마를 지속적으로 시청한다면 감정의 충돌을 감수해야 할 위험을 무릅쓰게 되는 것이다. 다음 편지가 지적하는 것처럼 이 같은 상황은 거의 희비극을 볼 때와 같은 감정의 기복을 가져온다.

> 이 연속극이 시작했을 때 저는 격하게 싫어했어요. … 저는 남편이 미국 사람인 가정에서 많은 시간을 보낸 적이 있었는데 그때 이 프로그램을 보게 되었습니다. 이 연속극은 그 미국 사람에게 고향에 대해 많은 걸 생각하게 해줍니다. 저 역시 볼 수밖에 없는 상황이라 몇 개의 에피소드를 봤고 그것이 지금 제가 〈댈러스〉를 시청하는 유일한 이유입니다. 전 그냥 이야기가 어떻게 되는지 보고 싶을 뿐이에요. 드라마에서는 끔찍한 일들이 동시다발적으로 일어나고 저는 텔레비전 앞에 앉아 단 한 편의 에피소드도 놓치지 않습니다. 다행히 이 연속극은 늦은 저녁에 방송하기 때문에 그전에 운동이나 다른 것들도 할 수 있습니다. 한 가지 꼭 추가할 점은, 에피소드마다 정말 짜증 나는 일들이 일어난다는 겁니다.
> ― 편지 38번

따라서 〈댈러스〉를 싫어한다는 것은 반대의 감정들이 혼재하는 경험임에 분명하다.

〈댈러스〉를 사랑하다

그렇다면 〈댈러스〉를 '정말' 좋아하는 사람들은 어떠한가? 이들은 대중문화 이데올로기와 어떤 관련성을 가지는가? 이데올로기는 현실에 대한 사람들의 생각과 이미지를 구성할 뿐 아니라, 본인 자신에 대한 이미지를 형성하게 하고, 세상에서 본인의 위치를 이해하도록 해준다. 즉, 이데올로기를 통해 사람들은 정체성을 습득하며 신념, 의지, 취향을 가지는 주체(subjects)가 된다. 따라서 대중문화 이데올로기 속에 살아가는 한 개인은 스스로, 예컨대 '고급 취향을 가진 사람', '문화 전문가' 또는 '상업 문화산업의 싸구려 속임수에 넘어가지 않는 사람'이라는 자격을 부여할 수 있다. 이데올로기는 스스로에 대한 이미지뿐 아니라 타인들에 대한 이미지도 제공한다. 즉, 이데올로기는 본인 스스로에 대한 정체성뿐 아니라 다른 사람들의 정체성을 규정하는 역할을 한다. 예란 테르보른(Göran Therborn)이 서술한 것같이 "(이데올로기를 통해) 한 개인은 특정한 위치에 귀속되고 그 자격을 부여받으면서 자신과 타인들과의 차이점을 인지하게 된다".7 따라서 대중문화 이데올로기에 의해 '고급 취향을 가진 사람', '문화 전문가' 등과 그렇지 않은 사람들 사이에 경계선이 그어진다. 보다 구체적으로 말하면 〈댈러스〉를 '나쁜 대중문화'로 인식하는 사람과 그렇지 않은 사람들 사이의 경계선이다.

　〈댈러스〉를 싫어한다고 밝힌 한 시청자는 〈댈러스〉를 좋아한다는 사람들과 본인을 구분하기 위해 애쓰고 있다.

저는 왜 그렇게 많은 사람이 〈댈러스〉를 보는지 모르겠어요. 정말 많은 사람들이 한 주라도 못 보는 걸 아주 큰일 난 것처럼 생각하지요. 학교에서는 수요일 아침만 되면 사람들이 '〈댈러스〉 봤어? 정말 기막히지 않아?'라고 말합니다. 가끔 정말 짜증이 나요. 왜냐하면 〈댈러스〉를 시청하는 것이 그냥 시간 낭비인 것 같거든요. … 그런데 사람들이 이 연속극 속 누군가에게 무슨 일이 생겼을 때 눈물을 흘렸다는 이야기를 하는 걸 들을 때는 도대체 이해할 수가 없어요. 저희 집 식구들도 이 연속극을 보지만 저는 항상 그냥 자러 들어갑니다.   ㅡ편지 33번

이 여성은 확신 있게 〈댈러스〉를 좋아하는 사람들의 정체성을 부정적으로 서술하고 있다. 이 시청자는 〈댈러스〉를 사랑하는 사람들을 '멍청이'라고 선언하고 있는 것과 다름없다! 대략 유사한 유형(하지만 다소 순화된 용어가 사용된)이 다음 발췌문에 나타나고 있다. "제가 쓴 편지를 다시 읽어보니, 〈댈러스〉는 정상적인 사람이 보면 안 되는 연속극이네요. 왜냐하면 다른 누군가의 슬픔과 어려움을 느껴야 하잖아요. 반면에 이것이 많은 사람들이 이 연속극을 좋아하는 이유가 될 수 있을 거라고 생각해요"(편지 38번). 대중문화 이데올로기의 관점에서 보면 〈댈러스〉를 '나쁜 대중문화'로 인식하지 않는 사람들에 관한 이미지는 다음과 같이 짧고 단호하게 요약된다. "이 드라마의 목적은 단지 돈을 쓸어 모으는 것이지요. 아주 많은 돈. 이를 위해서 사람들이 섹스, 미모의 사람들, 엄청난 돈과 같은 갖가지 수단을 사용하지요. 그리고 항상 이런 이야기에 속아 넘어가는 사람들이 있습니다"(편지 35번, 강조 추가). 따라서 대중문화 이데올로기

는 〈댈러스〉를 좋아하는 사람들을 칭찬하는 그림을 제공하지 않는다. 이들은 '고급 취향을 가진 사람', '문화 전문가', 또는 '상업 문화산업의 싸구려 속임수에 넘어가지 않는 사람'과 반대되는 사람들로 제시된다. 〈댈러스〉를 사랑하는 사람들은 이러한 점에 대해 어떻게 대응하고 있을까? 이들은 자신에 대한 부정적인 이미지가 존재한다는 것을 알고 있을까? 이 점에 대해 걱정하지는 않을까?

나에게 편지를 보내준 시청자들이 답해준 작은 잡지 광고에는 다음과 같은 문구가 포함되어 있었다. "저는 텔레비전 드라마 연속극 〈댈러스〉를 시청하는 것을 좋아합니다. 그런데 사람들로부터 이상하다는 반응들을 받습니다". 여기서 '이상하다는 반응들'이라는 구절은 다소 모호한 의미인 것 같다. 이 광고의 맥락에서 보면 여기서 이 구절이 무엇을 의미하는지 알 수가 없다. 〈댈러스〉를 좋아한다고 밝힌 많은 사람들은 편지에서 이 구절에 대해 더 설명하기는 했다. 하지만 적어도 일부 팬들에게는 '이상하다는 반응'이라는 구절은 '아! 무슨 말인지 알겠다!'는 느낌을 주기에 충분해 보인다.

저도 당신과 같은 '문제'를 가지고 있어요! 제가 제 동료 학생들(정치학 전공) 앞에서 화요일 저녁마다 〈댈러스〉를 시청하기 위해 기를 쓰고 애쓴다는 말을 할 때, 이들은 못 믿겠다는 표정이에요.

— 편지 19번

제가 〈댈러스〉를 즐겨 본다고 말을 했을 때 사람들이 '이상하게' 반응할 때마다 늘 놀랍니다. 제 생각에 제가 아는 모든 사람들이 〈댈러스〉를 보는 것 같은데 일부의 친구들은 흥분한 나머지 이 드라마가 텔레비전 시청자에게 미치는 위험한 효과들에 대해 불평을 늘어놓기도 합니다. 저는 이 점에 대해 어떻게 생각해야 할지 정말 모르겠어요.

— 편지 22번

이 편지의 구절들을 보며 〈댈러스〉의 팬들은 대중문화 이데올로기의 원칙들과 판단들에 대해 알지 못하고 있음을 의심해볼 수 있다. 이들 역시 이러한 이데올로기에 반응하고 있는 것 같긴 하다. 하지만 이들은 〈댈러스〉를 싫어하는 사람들 혹은 〈댈러스〉를 조롱하면서 좋아하는 사람들과 완전히 다른 방식으로 반응하는 성향이 있다. 〈댈러스〉를 (조롱하지 않고) '정말' 사랑한다는 것은 대중문화 이데올로기의 규범들에 대해 껄끄러운 태도를 수반하는 일 같다. 팬들이 해결해야만 하는 것이 바로 이 껄끄러운 관계이다.

앞에서 살펴본 것처럼 〈댈러스〉를 싫어하는 사람들, 조롱하지만 사랑하는 사람들이 대중문화 이데올로기에 대한 본인의 태도를 통일되고 일관된 방식으로 보여준 것과 대조적으로 '진정한' 팬들은 대중문화 이데올로기의 규범과 타협하기 위해 매우 다양한 전략들을 활용한다. 하나의 전략은 대중문화 이데올로기 자체의 판단들을 받아들이고 내재화하는 것이다.

저는 〈댈러스〉에 대한 당신의 광고에 대해 답변하고 싶었습니다. 저는 〈댈러스〉를 즐겨 보고요, 무언가 비극적인 일이 일어날 때면 (거의 매 에피소드에서 그렇지만요) 눈물이 흘러내립니다. 제 주위 사람들도

〈댈러스〉에 대해 무시하는 반응을 보입니다. 본인들의 기준에 한참 미치지 못하는 전형적인 상업 방송 프로그램이라고 생각하지요. 저는 이런 프로그램을 즐기면서 휴식을 취할 수 있다고 생각합니다. 역할의 전형성을 강조하고, 계급에 대한 고정관념을 제공하는 것 같은 프로그램의 부정적 영향력에 대해 유의해야겠지만. 어떤 종류의 싸구려 감상이 나를 괴롭히는지 생각해보는 것도 유용한 것 같습니다.

— 편지 14번

이 편지에는 놀라운 점이 있다. 본인이 〈댈러스〉를 왜 그토록 좋아하는지 설명하는 대신(이것이 내 광고에서 질문한 것이었다) 이 시청자는 그녀가 주위에서 경험하는 〈댈러스〉를 '무시하는 반응들'에 대해 대답하는 과정에서 대중문화 이데올로기로부터 도출한 논리를 반복했다. 그녀는 대중문화 이데올로기에 대해 독립적인 태도를 취하지 않고 이 이데올로기의 도덕을 받아들이고 있다. 그런데 이 시청자는 누구에게 이런 도덕을 이야기하고 있는가? 그녀 자신? 나? (그녀는 광고를 통해 내가 〈댈러스〉를 즐겨 보고 있다는 사실을 알 수 있다.) 모든 〈댈러스〉 팬들에게? 이는 마치 그녀가 〈댈러스〉를 즐겨 보는 사실을 정당화하기 위해서 본인이 이 드라마가 가지는 '위험성'과 '속임수'를 잘 알고 있다는 사실을, 즉 〈댈러스〉가 '나쁜 대중문화'라는 사실을 알고 있다는 점을 보여주고 있는 것 같다. 다음의 편지에서 이와 유사한 논리를 발견할 수 있다.

사실 현실로부터의 도피라고 생각해요. 저는 스스로를 현실적인 사람이라고 생각하고 드라마와 현실은 다르다는 것을 알고 있습니다. 때로는 저는 이들과 함께 실컷 우는 것을 정말 좋아합니다. 왜 그러면 안 되나요? 이런 방식으로 저의 다른 억눌린 감정의 분출구를 찾을 수 있습니다.

— 편지 5번

다른 말로 표현해보자. 〈댈러스〉가 현실적이지 못하고 따라서 '나쁘다'는 것을 알고 있다면 이 드라마를 시청해도 괜찮다. 하지만 이러한 방어 전략은 대중문화 이데올로기에 도전하기 위해 활용될 수도 있다.

〈댈러스〉에 대한 저의 생각을 이야기하듯이 당신의 광고에 답변합니다. 당신이 〈댈러스〉를 즐겨본다고 이야기했을 때 이상하다는 반응들을 얻는다는 점에 주목했습니다(저도 〈댈러스〉를 즐겨 봅니다). 많은 사람들이 이 드라마가 가치 없거나 별다른 핵심이 없다고 생각합니다. 하지만 저는 〈댈러스〉에 분명히 핵심이 있다고 생각해요. '돈으로는 행복을 살 수 없다'는 말을 생각해보세요. 〈댈러스〉에서 분명히 이 점을 찾을 수 있습니다.

— 편지 13번

그런데 대중문화 이데올로기에 반대하는 말들도 이 이데올로기의 범주들 속에 갇혀 있음을 알 수 있다. 이 드라마에 '핵심이 없다'(따라서 '나쁘다')는 의견이 '핵심이 분명히 있다'(따라서 '좋다')는 대안적인 의견과 병치되어 있다. 따라서 '핵심'이라는 범주(따라서 '좋다/나쁘다'의 차이)가 유지된다. 이 편지를 보내 준 시청자는 대중문화 이데올로기에 의해 만들어진 담론적 공간 안에서 '타협'하고 있지만, 이 이데올로기 밖에 본인을 위치시키지 않으며, 반대의 이데올로기적 입장에서 말하지도 않는다.

하지만 〈댈러스〉를 사랑하는 사람들은 대중문화 이데올로기에 대해서 왜 자신들을 방어해야 하는가? 이들은 주위로부터 비난을 받고 있다고 느끼고 있다. 이들은 분명히 대중문화 이데올로기를 피해 갈 수는 없지만 〈댈러스〉를 좋아하고 이 드라마가 주는 즐거움을 부인할 필요가 없도록 대중문화 이데올로기의 규범과 판단에 저항해야 한다. 하지만 방어적인 입장을 취하는 것은 결코 즐거운 일이 아니다. 본인의 취약함을 드러내는 것이기 때문이다. 스스로를 방어해야 한다는 것은 거의 언제나 불안한 감정과 연결되어 있다.

> 당신이 이상하다는 반응들을 받는다고 했을 때 맞는 말이라고 생각했어요. 예를 들어 '그래서 너는 싸구려 대중 오락물을 보는 걸 좋아한다는 말이지?'라는 말이요. 그렇습니다. 저는 〈댈러스〉를 시청하고 그게 부끄럽지 않아요. 하지만 저는 있는 힘을 다해 제가 시청하는 이유를 옹호하기 위해 노력합니다.
> — 편지 7번

'있는 힘을 다해서'. 이 표현이 주는 강렬함은 이 편지를 쓴 시청자가 비록 '그게 부끄럽지 않아요'라고 주장하고 있음에도 불구하고 그녀 자신을 방어하고 정당화하고자 하는 강한 욕망을 드러낸다. 또 다른 시청자는 다음과 같이 말했다.

글쎄요. 저는 〈댈러스〉를 보려고 매주 화요일마다 텔레비전 앞에 있는 사람들 중 한 명입니다. 사실 저도 저 자신에게 놀랐어요. 저는 솔직히 이 드라마를 시청하는 것을 즐긴다고 고백해야 할 것 같네요. '고백'이란 말은 이런 뜻입니다. 처음에는 어떤 진실성도 가지지 못한 싸구려 연속극에 제가 미쳐있다는 사실에 죄책감을 느꼈습니다. 지금은 다소 다르게 생각하고 있지만요.   ─ 편지 11번

이 시청자가 쓴 '사실 저도 저 자신에게 놀랐어요'라는 말은 '그것이 가능할 줄 몰랐다'는 뜻이기도 하다. 〈댈러스〉를 '어떤 진실성도 가지지 못한 싸구려 연속극'이라고 명명함으로 이 시청자는 대중문화 이데올로기가 내리는 판결이 가지는 힘으로부터 자유로울 수 없음을 알 수 있다. 따라서 죄의식이 발생하게 된다.

마지막으로 대중문화 이데올로기에 저항하는 또 다른 방어 기제가 있다. 이상하게 들릴지 모르지만, 또다시 조롱이다. 하지만 이 경우에는 이전에 살펴본 조롱하는 팬들의 경우처럼 아무런 문제없이 조롱이 〈댈러스〉 시청경험에 개입하는 것은 아니다. 이와 달리 〈댈러스〉 팬들에게 조롱은 서로 충돌하는 시청경험에 관한 표현으로 사용된다. 한 명의 시청자는 이러한 심리적 충돌을 명확하게 표현했다. 그녀의 설명에는 〈댈러스〉를 '정말' 좋아하는 것과 조롱적 시청태도가 불편하게 섞여 있다.

〈댈러스〉가 내가 가장 좋아하는 텔레비전 프로그램이라고 말하면 당신처럼 이상한 반응을 받습니다. ⋯ 이 드라마에서 벌어지는 일들은

정말 흥미진진합니다. 미스 엘리를 제외하고 이 드라마에 등장하는 대부분의 인물은 끔찍해요. 이 드라마에서 최악이라고 생각하는 점은 사람들이 서로를 대하는 방식이에요. 특히, 다음 사람들은 꼴 보기 싫어요. 자크는 받아들이기 어려운 외모를 가졌어요. 패멀라는 정말 똑똑해 보이려고 하지만 제 생각에는 '보통'이라고 생각해요. (드라마 안에 있는) 모든 사람이 그녀가 섹시하고 큰 가슴을 가진 돌리 파튼(미국의 배우 겸 가수) 같다고 생각할 때 정말 참을 수가 없어요. 수 엘런은 정말 한심해요. 그렇게 많은 술을 마시고 얼마나 피폐해 보이는지 모르겠어요. 제이 알에 대한 설명은 필요 없을 것 같네요. 전 제이 알을 관심 있게 보고 있는데 언젠가 그가 쓴 탈이 벗겨질 것이라고 생각하거든요. 보비는 멍청한 놈이라고 생각합니다. 저는 그를 '아쿠아렁'(그가 다른 연속극에서 맡았던 인물의 이름)이라고 불러요. 이 드라마의 인물들은 늘 슬퍼하고 매우 솔직하고 엄청나게 돈이 많고 완벽하게 보이고 싶어 하지만 (우리로서는 다행히도!) 아무도 완벽하지 않아요(심지어 미스 엘리는 유방암에 걸리고, 제가 정말 반했던 카우보이 레이는 항상 사고를 일으키죠).

　　　　　　　　　　　　　　　　　　　　　　　　　　　　　　　ㅡ 편지 23번

이 시청자가 〈댈러스〉의 캐릭터에 대해 느끼는 거리감은 매우 크다. 캐릭터에 대해 이렇게 조롱적으로 내리는 끔찍한 판단을 보자. 하지만 그녀의 설명은 그녀가 이 연속극에 깊게 관여하고 있음을 보여주는 친밀감이 묻어 있기도 하다('이 드라마에서 벌어지는 일들은 정말 흥미진진합니다.' … '정말 참을 수가 없어요.' … '그에게 관심이 있습니다.' … '제가 정말 반했던'). 한편으로는 거리감을 둔 채 조롱하고 다른 한편으로는 드라마에 친밀하게 관여하고 있다는 것은 조화되기 힘든 것으로 보인다. 이 시청자의 편지 후반부에서는 〈댈러스〉를 타인과 함께 시청하는 사교적 상황인 경우 조롱적 태도가 우위를 점하고 있다는 사실이 드러난다.

제가 타인과의 관계에서 좋고 나쁜 것들을 생각할 때 〈댈러스〉를 하나의 기준으로 활용한다는 것을 알게 되었습니다. 특히, 제가 〈댈러스〉를 **여러 사람들과 함께 시청할 때** 깨달았습니다. 왜냐하면 우리는 서로 대화를 하지 않고서는 절대 이 드라마를 볼 수가 없거든요. 우리는 이렇게 외치죠. 수치스럽다! 후레자식! 나쁜 년! (죄송합니다. 감정이 정말 격해지네요!) 때때로 우리는 유잉 가 사람들이 어떻게 지내는지 생각하려 애씁니다. 수 엘런은 산후 우울증을 가지고 있는데 그것이 그녀가 자신의 아이를 그렇게 싫어하는 이유입니다. 패멀라는 사실 정말 좋은 사람인데 힘들어하는 이유는 수 엘런의 질투 때문입니다. 제이 알은 덩치만 컸지 겁쟁이입니다. 왠지 의심스럽게 웃는 모습을 보면 알 수 있지요.

― 편지 23, 강조 추가

위의 발췌문은 **조롱적 논평은 사회적인 실천**이라는 점을 보여준다. 발췌문에서 '제가'라는 표현이 '우리는'이라는 표현으로 갑자기 바뀐 것에서 이를 확인할 수 있다. 이 드라마를 '정말' 좋아하는 것이 거의 터부시되는 이데올로기적인 풍토가 만들어내는 사회적 압력으로 인해 〈댈러스〉에 대한 조롱적인 시청태도를 강조하고 〈댈러스〉에 대해 거리감을 만들어낼 필요가 생기는 것은 아닐까? 그런데 이 시청자가 '우리'가 아닌 '나'에 대해 이야기할 때는 드라마에 대한 친밀감이 다시 돌아온다.

> 사실 모든 사람이 좀 멍청해요. 지나치게 자극적이지요. 가식적이고 정말 미국적입니다(돈, 외모, 관계, 미치광이들, 가족, 그리고 국가! 등). 이런 모든 것을 아주 잘 인지하고 있어요. 하지만 유잉 사람들은 저보다 많은 일들을 겪어나가지요. 이들은 정서적으로 더 풍부한 삶을 살고 있어요. 댈러스에 있는 모든 사람들은 이들을 알고 있지요. 때때로 유잉 가 사람들은 사고를 일으키지만, 좋은 집에 살고 있고 원하는 모든 걸 가질 수 있지요. 이런 모습을 보는 것이 즐겁습니다. 이들을 통해 이상적인 아름다움을 볼 수 있습니다. 사람들의 헤어스타일을 보기도 하지요. 이들의 훌륭한 대화는 정말 감동적입니다. 나는 왜 위기 상황에서 무엇을 이야기할지 생각해내지 못하는 걸까요?
>
> ─ 편지 23번

진정한 사랑과 조롱. 이 모든 것이 이 시청자가 본인을 〈댈러스〉와 연관시키는 방식을 결정한다. 이 두 가지가 조화되기 어렵다는 것은 명확하다. 진정한 사랑은 드라마에 본인의 동일시를 필요로 하는 반면 조롱은 거리감을 만들어낸다. 이렇듯 〈댈러스〉에 대한 양면적 태도는 (적어도 사회적 맥락에서는) 대중문화 이데올로기가 옳다는 것을 한편으로 받아들이면서 또 한편으로 대중문화 이데올로기의 법칙에 반대해 〈댈러스〉를 '정말' 좋아하기 때문으로 보인다. 따라서 조롱은 '사회적인 차원'에서 작동한다. 〈댈러스〉를 조롱하면서 좋아하는 사람들에게 조롱은 〈댈러스〉에서 즐거움을 경험하는 방식이지만, 〈댈러스〉를 사랑하는 팬들에게 조롱은 '진정한' 사랑에 대한 일종의 방어막 역할을 한다. 다른 말로 표현하자면, 팬들에게 조롱은 대중문화 이데올로기에 의해 설정된 사회 규범을 이행하기 위해서 활용하는 방어기제이며 이들은 은밀하면서도 '진심으로' 〈댈러스〉를 사랑하고 있다.

우리는 이러한 예로부터 두 가지 결론을 도출할 수 있다. 첫째, 여기서 언급된 팬들은 〈댈러스〉를 설명함에 있어서 자발적으로 대중문화 이데올로기를 활용한 것 같다. 피할 수 없는 대중문화 이데올로기의 규범과 처방은 시청자들에게 압력을 행사하기 때문에 본인을 정당화할 필요를 느낀다. 둘째, 팬들은 광범위한 종류의 방어 전략을 취하고 있다는 점이다. 어떤 시청자는 단순히 대중문화 이데올로기를 내재화하려고 애썼고, 다른 시청자는 이 이데올로기의 담론적 틀 안에서 타협하고자 했으며, 또 다른 시청자는 표면적으로는 〈댈러스〉를 조롱하는 방식을 선택했다. 따라서 〈댈러스〉 팬들이 사용하는 방어 전략은 뚜렷한 한 가지만 있는 것은 아니고, 대중문화 이데올로기에 저항하기 위해 활용하는 뚜렷한 이데올로기적 대안을 가진 것도 아니다. 적어도 대중문화 이데올로기를 확신 있게 논리적으로 상쇄할 만한 대안은 없다. 따라서 편지를 보내준 시청자들은 다양한 종류의 담론적인 전략으로 방어하지만 그 어떤 전략도 대중문화 이데올로기의 담론들만큼 잘 짜여 있고 체계적이지 못하다. 팬들이 사용하는 전략들은 파편적이기 때문에 모순적이기 십상이다. 요컨대 이런 팬들은 대중문화 이데올로기와는 관계없이 독립적으로 '나는 이런 이유로 〈댈러스〉를 좋아한다'고 긍정적으로 밝힐 수 있는 효과적인 이데올로기적 위치나 정체성을 채택하고 있지 않은 것으로 보인다.

이처럼 팬들이 놓여있는 취약한 위치, 즉 〈댈러스〉에 대한 이들의 사랑을 정당화할 수 있는 긍정적 이데올로기의 부재는 피곤한 결과를 가져온다. 이 프로그램을 싫어하는 사람들은 이들과 '반대되는 시청자들'을 '문화적 야만인', '취향이 떨어진 사람들', '스스로 상업 문화산업의 속임수에 빠진 사람들'(따라서 이렇게 말하는 사람은 **그렇지 않음**을 의미한다)이라고 표현할 수 있는 반면, 〈댈러스〉의 팬들은 스스로에 대한 긍정적인 표현을 가지지 못한다. 즉, 팬들은 〈댈러스〉를 싫어하는 사람들에게 똑같이 부정적인 이미지로 되받아칠 수 있는 위치에 있지 못하는 것이다. 팬들은 **다른 사람들**이 본인에게 씌우는 부정적인 정체성들에 대해 저항만 할 수 있을 뿐이다.

테르보른에 따르면, 이데올로기적으로 패배하는 주체는 이와 같이 심리적인 문제가 발생하는 상황에 처한다는 특징이 있다. 이데올로기적으로 지배적인 주체의 위치에서는 그렇지 않은 '타자'에게 오명을 씌우는 것이 가능하다. 지배 이데올로기 희생자들의 경우에는 이처럼 확신을 주는 이데올로기적 위치가 존재하지 않는다. 이들의 위치는 다음과 같다. "자아와 또 다른 자아와의 차이를 인지하고 평가하지만, 이들은 스스로를 형성하기보다는 타자에 대해서 저항하는 경향을 보인다. 이러한 차이는 지배의 비대칭에 각인되어 있다".8 이러한 상황은 대중문화 이데올로기에 의해 궁지에 몰렸다고 느끼는 〈댈러스〉의 팬들에게 끔찍한 결과를 가지고 올 수 있다.

이들은 침묵할 수밖에 없는데 말 그대로 스스로를 방어할 단어를 찾을 수 없기 때문이다. 이들은 완전히 허를 찔린 상태이다. 편지를 보내준 한 명의 시청자가 다음과 같이 쓴 것처럼 말이다. "저 개인적으로는 사람들이 〈댈러스〉를 싫어한다는 말을 들을 때 끔찍한 생각이 들어요"(편지 2번). '끔찍한' 생각이 든다는 것이 그녀가 스스로를 방어할 수 있는 유일한 단어이다. 이 여성에게 그 어떤 다른 단어도 떠오르지 않는다. 이건 일종의 항복이 아닐까?

포퓰리즘 이데올로기

하지만 대중문화 이데올로기가 독재적인 권력을 행사한다고 여기면 안 된다. 대중문화 이데올로기의 담론은 매우 중요하고 〈댈러스〉의 사회적 의미를 구성하는 역할을 하며 그 문화적 정당성을 인정받는다. 하지만 대안적인 담론들 역시 분명히 존재하며 〈댈러스〉를 사랑하는 사람들이 동일시할 수 있는 지점을 제공한다.

편지로 〈댈러스〉를 좋아한다고 밝힌 모든 시청자가 대중문화 이데올로기가 형성하는 강력한 판단들로 인해 곤란함을 느끼는 것 같지는 않다. 일부는 내 광고 내용에서 언급된 '이상하다는 반응'을 무시하고 있는 듯했다. 아마도 이들은 이 문구가 무슨 의미인지 이해하지 못한 듯한데, 다음 시청자의 편지를 보면 알 수 있다. "저는 당신이 잡지 〈비바〉에서 쓴, 이상하다는 반응을 한 번도 들어본 적이 없어요. 〈댈러스〉를 시청하지 않는 사람들은 아무런 의견이 없어요. 시청하는 사람들은 괜찮다고 생각하고요"(편지 20번).

분명히 이 시청자가 살아가는 환경은 대중문화 이데올로기가 사람들의 문화 소비 양상을 판단하는 방식에 영향을 거의 미치지 못하는 곳이다. 이러한 상황적 위치에서는 〈댈러스〉를 싫어하는 것과 좋아하는 것은 대중문화 이데올로기가 연상시키는 부정적인 의미들로부터 비교적 자유롭다. 이 편지를 쓴 시청자는 대중문화 이데올로기가 〈댈러스〉를 사랑하는 수많은 팬들에게 행사하는 제약에 대해 전혀 알지 못한다. 이 여성은 "나는 당신이 말하는 '이상하다는 반응'이 무엇인지 궁금해요"라고 밝혔다. 이 시청자는 대중문화 이데올로기가 만든 금기(禁忌)에 영향을 받지 않으므로 〈댈러스〉를 사랑하는 것에 대해 걱정할 필요가 없다.

다른 몇몇 시청자들은 대중문화를 금기시하는 분위기를 인지하는 듯했으나 대중문화 이데올로기의 기준들을 평가절하 하는 태도를 취했다. 이는 대중문화 이데올로기를 신경 쓰지 않는 방식으로 이루어질 수 있다. "〈댈러스〉를 보는 걸 좋아한다고 말하면 저 역시 이상하다는 반응들을 받습니다. 하지만 저는 '맥도날드'에서 사 먹는 것을 좋아하고 시(詩)도 좋아하는데 이런 것들에 대해서도 이상하다는 반응을 받거든요"(편지 24번). 이 시청자는 심지어 '대중문화'(맥도날드!)를 사랑한다는 사실을 장난스럽게 이야기하고 있는데, 이를 통해 '이상하다는 반응'에 대한 방어 전략이 불필요해진다.

편지를 보내준 다른 시청자들은 대중문화 이데올로기를 약화시키기 위해서 본인에게 부여된 부정적인 정체성에 저항할 뿐 아니라 〈댈러스〉를 싫어하는 사람들을 부정적으로 재현하는 방식으로 보복하기도 한다. 때때로 이들은 단순한 방식을 취하는데 예를 들어 이 프로그램을 혐오하는 척하는 사람들에 대해 되치는 방식을 취한다. "저는 제 주위 사람들이 〈댈러스〉를 즐겨 본다는 사실을 솔직하게 인정하지 않는 것을 봤습니다. … 사람들은 종종 이 프로그램이 유치하다고 불평하지만 본인들도 유치한 것을 원하잖아요. 그렇지 않나요?"(편지 6번)

다음의 〈댈러스〉 팬은 대중문화 이데올로기가 부여한 정체성에 저항하면서 보다 정교한 저항적 정체성을 형성하기 위해 애쓰고 있다.

(이 사회에서는) 감정을 위한 시간이 없습니다. 그것이 당신이나 제가 〈댈러스〉에 대해 이야기할 때 이상하다는 반응을 받는 이유입니다. 많은 사람들은 〈댈러스〉에게 '유치하다', '너무 감상적이다', 또는 '역겹다'는 꼬리표를 달지요. 아마 그건 액션물이나 폭력물만 좋아하는 사람들도 있기 때문일 거예요. … 제 생각에 〈댈러스〉는 감정이 풍부한 사람들을 위한 연속극이라고 생각합니다. 물론 제 생각이 틀렸을 수도 있지만요.　　　　　　　　　　　　　　　　　 ― 편지 18번

〈댈러스〉를 좋아한다고 밝힌 또 다른 시청자는 이 내용에서 한발 더 나아갔다. 편지에서 이 여성은 대중문화 이데올로기에 대한 본인의 저항을 알리기 위해 그 이데올로기의 사회적 기원에 대해 지적했다.

186

학교에서 〈댈러스〉에 대한 의견을 물으면 저도 당신과 같은 반응들을 얻습니다. 그건 제가 아직 예비학교에 다니고 있고 올해 기말시험들이 있는 것과 관련이 있을지 몰라요. 전 그렇게 생각해요. 우리는 시사 프로그램들을 '시청해야만' 하고 '좋은' 영화들을 감상해야 합니다. 저에게 좋은 프로그램은 누가 결정하나요? 물론 제가 결정합니다.

— 편지 5번

이 여성이 사용한 언어('물론 제가')는 대중문화 이데올로기의 규범과 의견들에 대한 저항이 일종의 공격적 성향을 가지고 있음을 드러낸다. 여기서 이 시청자는 '자기결정권'과 같은 개념을 끌어오고 위로부터 결정된 미적인 기준들에 대한 반감을 드러낸다. 따라서 이 여성 시청자는 잘 알려진 문구로 잘 요약될 수 있는 이데올로기적 위치에서 이야기하고 있다. '취향은 설명할 수 없다'.

이것이 우리가 포퓰리즘 이데올로기라고 부를 수 있는 것의 핵심이다. 이는 대중문화 이데올로기와 전적으로 반대이고 그 규범과 판단 역시 전적으로 반대 입장에 있다. 하지만 한 사람에게서 두 개의 이데올로기가 합쳐지는 것이 불가능한 것은 아니다. 표면적으로는 〈댈러스〉를 조롱하지만 마음속으로는 사랑하는 시청자는 한편으로 〈댈러스〉를 '끔찍하게 저속한 연속극'이라고 정의하며 (이러한 정의는 대중문화 이데올로기 담론의 속성과 맞아 떨어진다) 다른 한편으로는 〈댈러스〉를 싫어하는 사람들을 포퓰리즘의 관점에서 평가한다. "저는 〈댈러스〉에 대해 이상한 반응을 보이는 사람들이 다소 터무니없다고 생각합니다. 남들의 취향에 대해서 뭐라고 할 수 없다고 생각해요. 어쩌면 당신이 도무지 참고 보거나 들을 수 없는 것들을 다른 사람들은 재미있다고 생각할지도 몰라요"(편지 36번).

이러한 진술은 포퓰리즘 이데올로기가 작동하는 방식을 잘 보여준다. 이는 다른 무엇보다도 반(反)이데올로기적이다. 포퓰리즘 이데올로기 입장에서는 사람들의 미적 선호를 판단하는 어떤 시도도 선험적으로 거부되어야 하는데 이러한 판단은 자유에 대한 정당화될 수 없는 공격으로 간주되기 때문이다. 따라서 포퓰리즘 이데올로기가 상정하는 정체성의 특징은 전적인 자율성에 대한 소구이다. "제가 하나 확실하게 하고 싶은 것이 있습니다. (저처럼) 다른 사람들이 자기들이 가진 (이상한) 생각을 가지고 당신을 판단하도록 내버려 두지 마세요"(편지 36번).

이렇게 본다면 포퓰리즘의 입장은 〈댈러스〉를 사랑하는 사람들에게 특별히 매력이 있는 것임에 분명하다. 왜냐하면 이 입장은 대중문화 이데올로기에 강력하게 대항함에 있어 활용할 수 있는 정체성을 제공하기 때문이다. 그렇다면 왜 〈댈러스〉 팬들이 보내준 편지에서는 이러한 입장의 흔적이 그리 많지 않았을까?

하나의 설명은 이 두 가지의 이데올로기가 작동하는 방식의 차이에 있다. 포퓰리즘 이데올로기는 수용자에게 직접적으로 소통하고 즉각적인 확신을 제공하는 능력이 있기 때문에 매력적이다.9 이 이데올로기의 담론들은 반(反)이성주의적이며 '취향은 설명할 수 없다' 같은 짧은 문구나 슬로건으로 주로 구성된다. 따라서 포퓰리즘 이데올로기는 주로 **실용적인 차원**에서 작동하고 사람들의 일상생활에서 거의 '즉각적'이고 무의식적으로 받아들여지는 상식적인 생각들로 구성되어 있는 것이다. 이와 달리 대중문화 이데올로기는 주로 **이론적인 속성**을 가지고 있다. 이 이데올로기의 담론은 상당한 일관성과 합리성을 갖추고 있다. 따라서 대중문화 이데올로기는 지성적인 이데올로기이다. 사람들에게 '대중문화는 나쁘다'는 점을 **납득시킴으로써** 사람들의 동의를 얻어낸다.10

　이러한 차이는 시청자들이 보내준 편지에서 대중문화 이데올로기가 포퓰리즘 이데올로기보다 훨씬 더 현저한 방식으로 드러난 이유를 설명할 수 있다. 이론적인 차원에서는 포퓰리즘 이데올로기가 열등한 것이다. '취향은 설명할 수 없다'와 같은 일반적인 태도를 방어하고 정당화하기 위한 단어들이나 합리적 설명들은 거의 없기 때문이다. 반면에 '대중문화는 나쁘다'는 태도에 대해서는 많은 주장을 쉽게 활용할 수 있다. 따라서 사람들이 왜 〈댈러스〉를 좋아하는지 또는 싫어하는지와 같이 취향에 대해서 설명해야 할 때 대중문화 이데올로기의 담론적 힘을 벗어나기 어렵거나 불가능하다는 점은 놀랍지 않다. 이는 대중문화 이데올로기가 다양한 범주의 〈댈러스〉 시청자들에게 — 싫어하는 사람들, 조롱하면서 사랑하는 사람들, '진심으로' 사랑하는 사람들 — 이 이데올로기의 규범과 판단을 의식하게 만들고 포퓰리즘 이데올로기의 입장을 일축시킬 수 있는 이유가 된다.

대중문화, 포퓰리즘, 대중문화 이데올로기

하지만 대중문화 이데올로기의 힘이 절대적인 것은 아니다. 사실 대중문화 이데올로기의 현저히 '이론적이고' 담론적인 속성은 그 힘을 제한한다. 대중문화 이데올로기의 영향력은 주로 사람들의 의견들, 합리적인 의식, 사람들이 문화에 대해 **이야기할 때** 활용하는 담론들에 국한된다. 하지만 이러한 의견들과 합리적 설명은 반드시 사람들의 **문화적 실천**을 결정하지는 않는다. 심지어 대중문화 이데올로기의 규범적인 담론들이 지배하는 상황은 — 이러한 담론들은 교육이나 문화 비평과 같은 모든 종류의 사회제도에서 등장한다 — 실제로 사람들이 특정한 문화를 선호하는 방식에 역효과를 가져 오기도 한다. 사람들이 대중문화 이데올로기가 폄하하는 문화를 좋아하기도 하는 이유는 이들이 무지하거나 지식이 부족해서가 아니라 스스로를 존중하기 때문이다.11 포퓰리즘의 입장은 이러한 거부를 직접적으로 정당화하는 방식을 제공한다. 포퓰리즘은 '좋은 것'과 '나쁜 것' 차이의 위계적 구분을 전적으로 거부하고 특정한 취향에 대한 죄의식이나 수치심을 거부한다. 즉, 대중문화 이데올로기의 지적인 우세함과 포퓰리즘 이데올로기의 '즉각적'이고 현실적인 매력 사이에는 냉소적인 변증법이 존재한다. 대중문화 이데올로기의 기준들이 엄격할수록 이러한 기준들은 더욱더 억압적으로 느껴지고 포퓰리즘의 입장이 더 매력적이게 된다. 포퓰리즘의 입장은 대중문화 이데올로기의 도덕들과 반대로 본인이 선호하는 것을 따르고 본인의 취향을 즐길 수 있는 가능성을 제공한다.

상업 문화산업은 이 점을 잘 이해한다. 상업 문화산업은 자체의 목적을 위해 포퓰리즘 이데올로기를 활용하는데, 포퓰리즘의 기조에 있는 문화적 절충주의를 강화하고 개인의 취향은 설명할 수 없으며 객관적인 미학적 판단이라는 것은 있을 수 없다는 사상을 전파시킨다. 또한 상업 문화산업은 모든 사람들은 자기 자신의 취향이 있고 본인의 방식대로 재미를 즐길 자유가 있다는 사상을 유포함으로써 상품을 판매한다. 최근에 프랭키 고즈 투 할리우드(Frankie Goes to Hollywood: 영국 밴드)는 포퓰리즘 입장의 상업적 활용에 대해 가장 주목할 만한 설명을 제시했다. "광고주들의 가장 주된 일은 … 제품들을 파는 것이라기보다 죄책감 없이 즐기는 것에 대한 도덕적인 승인을 해주는 것이다".[12]

하지만 포퓰리즘 이데올로기는 상업 문화산업의 목적과 이익을 위해서만 활용될 수 있는 것은 아니다. 이는 부르디외가 대중 '미학'으로 부르는 것과 연결된다.[13] 대중 미학은 개인의 열정과 즐거움에 대한 논의는 전적으로 부재하고 극도로 형식적이고 일반화된 표준을 기반으로 예술품을 평가하는 부르주아 미학의 성향과 완전히 반대되는 것이다. 대중 미학에서는 문화 생산물에 대한 '솔로몬의 심판'이 내려지지 않는다. 한 가지 문화적 대상의 중요성은 사람과 상황마다 다르다고 전제하기 때문에 대중 미학은 근본적으로 다원적이고 조건적인 성향을 가진다. 이 미학은 문화적 형태들과 일상적 삶의 지속성에 대한 확인, 참여에 대한 뿌리 깊은 욕망, 감정의 관여에 기반을 둔다. 다른 말로 표현하자면, 대중 미학에서 중요한 것은 즐거움을 인정하는 것이며, 즐거움은 개인적인 것임을 주목하는 것이다. 부르디외에 따르면 대중 미학은 일반적인 상식, 평범한 사람들이 일상의 문화 형태에 접근하는 방식에 깊이 자리 잡고 있다.

하지만 즐거움은 대중문화 이데올로기가 무시하는 범주이다. 이 이데올로기의 담론들에서 즐거움이란 존재하지 않는 듯하다. 그 대신 책임감, 비판적인 거리 또는 미적 순수성을 가장 중요한 범주들로 여긴다. 이러한 범주들은 즐거움을 부적절하고 부당한 기준으로 만든다. 이러한 방식으로 대중문화 이데올로기는 대중 미학의 체계, 대중적 문화실천이 일상에서 구체화되는 방식을 완전히 벗어난 곳에 자리 잡는다. 따라서 대중문화 이데올로기는 문자 그대로, 그리고 비유적으로 말하자면 '이론'의 상아탑 안에 갇혀 있다.

제 4 장

〈댈러스〉와 페미니즘

여성과 〈댈러스〉

황금 시간대 방영되는 텔레비전 프로그램인 〈댈러스〉는 특정한 계급, 성별 또는 나이와 관계없는, 광범위하고 이질적이며 일반적인 텔레비전 시청자들을 겨냥하고 있다. 프로그램 제작자는 시청자 수를 극대화하기 위해 드라마 속 가족 구성원 모두에 대한 관심을 불러일으켜야 한다. 이 점에서 〈댈러스〉는 가정주부들이라는 특별한 사회적 수용자를 겨냥할 목적으로 낮 시간대 방송되는 연속극과 다르다. 이와 같은 제작 맥락은 필연적으로 〈댈러스〉의 전반적인 내러티브에 영향을 주게 된다. 이 드라마는 다양한 수용자가 흥미를 느낄 만한 여러 가지 관심 영역을 이야기해야 하고 일부의 수용자만 매력적으로 느끼는 테마와 플롯으로 제한될 수 없다.

결과적으로 〈댈러스〉라는 픽션의 세계에서 남자 캐릭터들은 주간 연속극보다 훨씬 더 중요한 위치를 차지한다. 사업의 세계와 같이 주로 남성들이 좋아하는 테마와 플롯이 내러티브에서 훨씬 중요한 역할을 차지한다.1 낮 시간대 연속극에서는 악당의 역할을 통상 여성이 맡는 것과 달리 〈댈러스〉에서는 남성(제이 알)이 맡았다는 사실은 우연이 아니다(하지만 〈다이너스티〉나 〈팰컨 크레스트〉와 같이 황금 시간대 방영되는 다른 연속극에서는 여성 악당들이 주요한 역할을 한다는 점은 놀랍다).2 따라서 전통적인 연속극들이 일반적으로 '여성을 위한 장르'라고 간주되는 것과 달리 〈댈러스〉의 주 타깃이 여성 관객이라고 간주하는 것은 완전히 정당화될 수는 없다.

그럼에도 불구하고 실제로 남성들보다 여성들이 〈댈러스〉를 더 많이 시청하고 좋아한다는 근거들이 있다. 예를 들어 네덜란드에서 〈댈러스〉의 인기가 그 정점을 찍었던 1982년 3월에는 네덜란드 텔레비전 시청자 중 52%가 〈댈러스〉를 매주 시청했고 이 중 69%가 여성이었다.● 더욱이 여성들은 남성들과는 다른 방식으로 〈댈러스〉를 시청한다는 점을 보여주는 자료도 존재한다. 네덜란드 여성은 유잉 가 내부의 상호관계와 사랑과 관련된 복잡한 문제들에 가장 많은 관심을 보이고, 사업 관련 문제들, 카우보이와 같은 요소, 드라마가 재현하는 권력이나 부에 대해서는 크게 반응하지 않는 것 같다. 남성 시청자들의 경우 이와 정반대라는 점은 놀랍지 않다.3 일반적으로 여성들과 남성들에게 〈댈러스〉가 의미하는 바는 다르다.

● 이 수치들은 네덜란드 방송재단의 시청 및 청취 연구부의 조사(1982년 5월)에서 인용함.

〈댈러스〉에 대한 여성의 즐거움은 일반적으로 낮 시간대 연속극들이 주로 다루는 테마들이다.

페미니스트들은 여성들 사이에서 연속극이 누리는 광범위하고 지속적인 인기에 대해 많은 관심을 보여 왔다. 많은 여성들이 연속극으로부터 즐거움을 누리고 있다는 사실은 페미니스트적 관점에서 어떤 정치적 평가를 받아야 할까? 〈댈러스〉는 여성들에게 좋은 것인가 나쁜 것인가?

불행히도 많은 주류 페미니즘 비평은 대중문화 이데올로기의 부권주의(patriarchy)로부터 영감을 받는 듯하다. 특히 대중 미디어에 대한 논의에 있어서 미디어 속 여성 이미지가 '전형적인 성 역할을 강화'하고 '반해방적'(anti-emancipatory)인지에 대해 지나치게 많은 에너지를 소비하고 있다. 이는 대체로 경험주의적 리얼리즘의 한계가 있는 내용분석의 결과이며 미디어 속 여성 이미지는 성차별적이고 가부장적인 가치들을 반영하고 있다는 확고한 결론을 이끌어낸다. 이러한 주장은 여성에 대한 재현들이 여성의 행동과 태도에 영향을 준다는 기계론적인 개념과 결합하여 연속극이 가부장주의의 유지와 여성에 대한 억압을 강화하는 역할을 한다고 전적으로 비난한다. 이는 대중문화 이데올로기가 상업 문화산업의 기만적인 메시지에 의해 희생되는 무지하고 애처로운 시청자들을 상정하는 것과 유사하다. 이런 맥락에서 여성들에게 매우 인기 있는 내러티브 장르들을 전적으로 부정하거나 적대시하는 이데올로기적 분위기가 발생한다.

페미니즘 비평과 대중문화 이데올로기 사이의 이토록 '끔직한 연합'은 자기파괴적인 측면이 있다. 대중문화 이데올로기의 규범들에 따르면, 형사물이나 공상과학소설은 '대중문화'의 낮은 수준을 뛰어넘는 것으로 간주되는 반면, 연속극이나 연애소설과 같은 '대중문화'의 '여성적'인 형태들은 저질 중에 가장 저질의 것으로 간주된다. 이런 이중적 잣대는 대중문화 이데올로기 자체가 가지고 있는 성차별적인 성향을 드러낸다!

하지만 이와 같은 관점에서 진행되는 페미니즘 비평은 더 심각한 문제점이 있다. 특히 연속극의 허구 캐릭터와 텍스트가 생산하는 특별한 의미들이 간과될 뿐 아니라 여성 시청자들이 〈댈러스〉와 같은 프로그램으로부터 경험하는 즐거움이 전적으로 무시된다. 타니아 모들스키가 말한 바와 같이, "페미니즘 비평가들은 여성스러운 텍스트가 가진 유혹으로부터 스스로를 매우 힘들게 분리하려는 것 같다".4

다행히 최근에는 다른 관점들도 등장했다. 본질적으로 연속극은 문화적으로 열등할 뿐 아니라 일반 시청자들에게 해로운 보수적 장르라는 생각은 점차 그 자명함과 정당성을 상실하는 듯하다. 예를 들어 제인 퓨어(Jane Feuer)는 〈댈러스〉와 〈다이너스티〉와 같이 내러티브의 종결 없이 이어지는 멜로드라마 연속극의 이데올로기적 구조화에 대해 분석을 수행했는데 다음의 결론을 도출했다.5 이 프로그램들은 '잠재적으로 진보적인 형태'인데 그 이유는 연속극의 특성인 다중 플롯 구조로 인해 명백한 이데올로기적 위치나 구성이 어려워지기 때문이다. "모든 행동은 되돌릴 수 없기 때문에 모든 이데올로기적 위치가 그 반대의 위치와 대립할 수도 있다. 따라서 이 가족에 관한 대하소설은 시청자의 해석하는 위치에 따라 자본주의라는 지배 이데올로기에 대한 비판으로 해석되기도 하고 지배 이데올로기에 해당하는 것으로 해석될 수도 있다".6 황금 시간대 연속극이 가질 수 있는 진보적인 효과에 대한 상대적인 낙관론은 엘런 세이터(Ellen Seiter)에 의해 더 구체적으로 발전되었는데, 연속극에 대한 일종의 페미니즘적 관점이 드러난다. "작고 불연속적인 내러티브의 단위들이 결코 하나의 가부장적인 담론이나 주된 내러티브 구조에 의해 조직되지 않고, 하나의 결말 또는 의미의 종결을 향해 발전되지 않으며, 그 복잡성으로 인해 그 어떤 것에 대해서도 이데올로기적인 단어를 최종적으로 제공하지 못하기 때문에 연속극은 독특하게도 페미니즘적인 해독들의 가능성을 '열어'준다".7

퓨어와 세이터는 연속극 내러티브들이 상대적으로 '열려있다는 점'을 바탕으로 이 장르에 대한 낙관론을 이야기한다. 즉, 양면성과 모순이야말로 이 장르의 본질을 구성하기 때문에 연속극에서 이데올로기적 합의를 이루는 것은 거의 불가능하다는 것이다. 이러한 이데올로기적 불확실성의 연속은 시청자들로 하여금 그들 자신의 의미를 구성할 수 있는 일종의 '자유'를 허락한다. 그렇다면 연속극이 가지고 있는 궁극적인 이데올로기적 입장을 정의하는 것은 바로 텍스트에 대한 시청자들의 의미 해독이다. 퓨어와 세이터는 시청자들이 그들에게 주어진 자유를 활용할 가능성에 희망을 가지고 있다. 그렇게 되면 연속극이라는 내러티브 형태에 잠재되어 있는 진보적인 가능성이 전복적이고 페미니즘적인 의미들의 생산으로 나타날 것이다.

하지만 실제로 해독이 이루어지는 방식에 대한 어떠한 근거도 없다면 이러한 추론은 추상적으로 남아있을 수밖에 없다. 단순히 진보적인 가능성에 대해 호소하는 것은 프로그램이 기능하는 구체적인 사회적, 문화적 맥락에 대한 연구와 동떨어진 문제다. 이와 관련해서 편지를 보낸 시청자들이 — 대부분 여성들 — 나에게 말해 준 것들을 분석해 보는 것이 적절하다. 이전 장에서 살펴본 바와 같이, 많은 시청자들에게 〈댈러스〉의 즐거움은 이들이 〈댈러스〉로부터 읽어내는 비극적 감정 구조와 연결되어 있다. 이러한 해독은 정확히 말해 전복적으로 보이지 않는다. 오히려 이러한 해독은 아주 오래되고 영원히 해결할 수 없는 모순밖에 없다는, 〈댈러스〉가 형성하는 지배적인 의미와 전적으로 맞아떨어지는 것 같다. 이와 같은 이데올로기적 입장에서 페미니즘적인 요소는 거의 찾을 수 없다. 비극적 감정 구조가 여성 시청자들이 〈댈러스〉에서 경험하는 즐거움의 주된 방식이라고 가정한다면, 유감스럽게도 시청자들은 〈댈러스〉의 '페미니즘적 가능성'을 채택하지 않을 것이므로 퓨어와 세이터의 희망은 근거 없는 것일까? 아니면 너무 성급히 결론을 내린 것인가?

페미니즘과 비극적 감정 구조

정치, 문화 운동으로서 페미니즘은 여성들에 대한 억압이 더 이상 존재하지 않는 사회적 미래에 대한 집단적 판타지에 의해 유지된다. 이러한 미래에는 여성들의 삶이 더 이상 가부장적 구조와 성차별적인 관행에 의해 지배되고 방해받지 않는다. 현재 사회에서 여성들이 많은 에너지를 쏟고 있는 페미니즘 투쟁들은 언제나 이러한 (상상의) 유토피아와 직간접적으로 연결되어 있다. 오늘날 페미니스트의 투쟁정신과 결속은 언제나 멀리 있는 유토피아를 성취하고자 하는 욕망에서 비롯된다고 볼 수 있다. 하지만 이러한 욕망은 현실적인 상황, 의식 안의 싸움에서 늘 억눌리고 있다.

내러티브로서 페미니즘 담론들은 상상된 해피엔딩의 방향으로 진행되는 성향이 있다. 페미니스트들이 포기하지 않고 전진할 수 있는 것은 이러한 해피엔딩의 필요성에 대한 헌신과 믿음이다. 이 점에서 페미니즘의 담론들은 행복한 결말, 즉 '그들은 그 후로도 행복하게 살았다'라는 절정의 순간을 찾는 것이 내러티브의 동력이 되는 대중연애소설의 구조와 닮은 점이 있다. 하지만 페미니즘이 말하는 해피엔딩은 이성애적, 일부일처 관계의 커플만이 영원한 행복을 누리는 대중연애소설의 해피엔딩과 전적으로 다르다. 더 강하게 말하자면, 페미니스트들은 대중연애소설에서 유토피아가 성취되는 방식을 개탄하는데 그 이유는 페미니즘의 이상과 충돌될 수 있기 때문이다. 대중연애소설의 여주인공은 독립적인 삶을 위해 분투하지 않고, 남성 영웅의 오만함과 폭력에 저항하지 않으며, 남성의 권위와 가부장적인 보호에 스스로를 종속시킬 때만이 행복을 얻을 수 있다. 8 이러한 의미에서 대중연애소설 내러티브에서의 유토피아적 상황은 이미 전제된 남녀 간 가부장적 권력 관계의 틀 속에서만 실현될 수 있는 것이다. 여기서 상상적인 '해결'이라는 것은 페미니즘이 가진 각본과 전적으로 충돌된다.

그렇다면 내러티브의 진전이 전혀 없고 해피엔딩에 대한 관점이 전적으로 결여되어 있는 연속극의 경우는 어떠한가? 연속극에서는 원칙상 캐릭터가 계속 행복할 수 있는 가능성이 전혀 없다. 유토피아적인 순간은 연속극의 내러티브에서 완전히 결여되어 있다. 상황과 사건이 끊임없이 장애물을 만들어 캐릭터들이 원하는 조그마한 행복의 추구도 방해한다. 연속극에서 인생은 본질적으로 문제투성이로 재현된다. 이것이 비극적 감정 구조의 핵심이다.

　결과적으로 연속극에서 여성들은 이들이 차지하고 있는 위치나 지위 때문에 행복을 느끼지 않는다. 이와 반대로 많은 문제와 갈등을 야기하는 것은 이들이 처한 위치이다. 특히, 현대 사회에서 여성들에게 주어진 전통적인 위치일 경우 더 그렇다. 비록 연속극에서 모성애가 여성의 이상으로 제시되기도 하지만, 동시에 끊임없는 걱정과 근심의 원인이 되기도 한다. 또한 결혼은 부부 간의 행복한 화합으로 묘사되는 것이 아니라 끊임없이 갈등을 야기하는 것으로 재현된다. 어떤 의미에서 연속극에서는 가부장제가 여성에게 부과하는 전통적인 운명과 이러한 운명의 실현불가능성 사이의 팽팽한 관계가 표현된다고 할 수 있다. 다시 말하면 여성 억압에 관한 페미니즘적 분석이 제시하는 몇 가지 지점들을 연속극은 직관적으로 다루는 듯하다. 가부장주의가 만들어내는 모순들이 끊임없이 묘사되기 때문이다.

　이러한 모순들에 대한 해결을 불가능하게 만드는 것은 바로 해피엔딩 가능성의 부재이다. 연속극에 등장하는 여성들은 본인 자신의 문제적 위치를 극복하지 못한다. 이와 반대로 여성들은 그러한 위치와 스스로를 동일시한다. 모든 끔찍한 상황에도 불구하고 이들은 계속해서 가부장적 이데올로기의 이상들을 믿는다. 예를 들면, 어떠한 대가를 치르더라도 가족은 결속되어야만 한다(미스 엘리). 결혼에 실패하면 다른 남자와 다시 시도해보거나 냉소적이게 된다(수 엘런). 자녀가 없는 완전한 행복은 없다(패멀라). 따라서 〈댈러스〉에서의 문제들은 결코 해결될 수 없고 근본적으로 순환적이다. 즉, 가부장주의를 유지하는 것은 어렵지만 온전히 남아있다.

이런 관점에서 보면 모든 문제와 불행의 원인이 되는 구조들을 근본적으로 바꾸는 것은 불가능하다는 점이 〈댈러스〉의 멜로드라마적 감정을 야기한다. 이는 체념의 감정과 운명론을 유발하지만 이러한 감정들이 반드시 이와 같은 구조에 대한 저항을 야기하지는 않는다. 따라서 페미니즘의 관점에서 보았을 때 〈댈러스〉의 여성들은 '나쁜' 위치들을 재현하고 있다. 이들의 위치들은 운명론적, 수동성이라는 특징을 가지는데, 페미니스트들에게 '좋은' 위치란 투쟁 정신과 활동이 수반되는 것이다. 이런 측면에서 비극적 감정 구조는 페미니스트의 감성과는 공존할 수 없는 것처럼 보인다.

수 엘런 대 패멀라

〈댈러스〉의 주요 캐릭터인 두 여성의 입장은 특별히 흥미롭다. 언뜻 보기에 수 엘런과 패멀라의 입장은 서로 상충되어 보이기 때문이다. 편지에서도 이 둘에 대한 시청자들의 의견은 갈려 있다는 점이 두드러졌다. 편지를 보내준 모든 사람이 〈댈러스〉 캐릭터들에 대해 동정이나 반감을 표시한 것은 아니지만, 패멀라를 좋아하는 사람은 수 엘런을 좋아하지 않고, 수 엘런을 좋아하는 사람은 패멀라를 좋아하지 않음을 알 수 있었다.

패멀라: 괜찮은 여성(좋은 성격의 여성이라고 생각함. 좋은 사람이지만 못되기도 함).

수 엘런: 제이 알 때문에 운이 없었지만, 외도를 통해 보상을 받고자 함. 별로 그녀를 좋아하지는 않음. 또 입이 험함. — 편지 3번

제가 왜 〈댈러스〉를 화요일마다 보냐고요? 그건 주로 패멀라, 그리고 그녀와 보비와의 멋진 사랑 때문이에요. 이 둘을 볼 때 따뜻한 온기가 느껴지곤 합니다. … 또 미스 엘리와 자크의 관계가 멋지다고 생각해요. 하지만 제이 알과 수 엘런에게는 거의 관심이 없어요. — 편지 8번

수 엘런: 그야말로 **환상적임**. 이 여성의 행동하는 방식, 입과 손의 움직임 등은 대단함. 그 역할을 잘 해내고 있음. 사랑을 원함. 고상한 척. 요약하면 진정한 여성.

패멀라: 아무 감정 없는 바비 인형. 거짓되고 매정하게 다가옴(하나의 밀랍 인형). — 편지 12번

수 엘런은 확실히 제가 가장 좋아하는 사람이에요. 심리적인 측면에서 보면 그럴듯한 캐릭터에요. 그녀처럼 저도 약간 그래요('종종 부질없

는 일을 성취하기 위해 애쓰는 것'). 저도 그녀처럼 (매력적으로) 되고 싶어요. … 패멀라는 입을 삐죽거리는 모습이 정말 사랑스러워요.

— 편지 17번

제가 가장 좋아하는 사람은 수 엘런이에요(저는 수 엘런과 사랑에 빠져 있지요). 그녀가 이 드라마에서 유일하게 정상적인 사람이에요. 지금 그녀는 매우 화가 나 있는 상태입니다. 아마 이것이 〈댈러스〉의 비밀이 아닐까 싶어요. 어떤 사람이 좋은 사람인지 나쁜 사람인지 정확히 알 수가 없어요. 예를 들어, 수 엘런은 정말 좋은 사람이지만, 심란할 때는 왜 종종 끔찍한 일을 저지르는 걸까요? 패멀라는 정말 대단히 착하고 사랑스러운 사람이에요.

— 편지 23번, 남성 시청자가 보낸 편지

〈댈러스〉에서는 수 엘런의 삶 속에 나타나는 문제적이고 모순적 속성이 두드러지게 나타난다. 수 엘런은 제이 알과의 험난한 결혼을 보상하기 위해 다른 남자들(클리프 반스, 더스티 팔로우)과 혼외관계를 시작한다. 하지만 혼외관계들도 실패하자 그녀는 술에 손을 댄다. 그녀의 내적 갈등은 그녀가 정신과 의사인 닥터 엘비에게 그동안 숨겨왔던 감정을 쏟아 내는 장면에서 잘 묘사된다. 그런데 닥터 엘비는 어느 순간 아무 흔적 없이 사라진다. 그는 한 에피소드에서 다음 에피소드로 진행되면서 더 이상 존재하지 않는다. 하지만 〈댈러스〉에서 그가 등장할 때는 수 엘런의 또 다른 자아로 기능하는 듯하다. 닥터 엘비는 수 엘런에게 본인 스스로의 힘을 믿고 독립적인 삶을 새로 시작해야 한다고 말하지만 수 엘런은 그런 의지 없이 남성의 도움과 조언에 의지한다('더스티는 나를 여기서 벗어나게 해줄 거야'). 비록 수 엘런은 제이 알에 의존하고 있다는 사실이 자신을 불행하게 만든다는 사실을 잘 알고 있지만, 본인 스스로를 제이 알로부터 자유롭게 만들 수 있는 가능성을 찾지 못한다. 수 엘런은 다른 어느 곳에도 갈 수 없기 때문에 제이 알과 함께 사우스포크에 남아 있다.

패멀라의 위치는 다르다. 물론 초반에는 보비와의 결혼이 분명 행복하다고 단정 지어 말할 수 있었다. 이들은 서로 진심으로 사랑하고 보비는 부드럽고 이해심 많은 남자이다. 물론 이들에게 문제가 없는 것이 아니다. 패멀라가 아이를 가질 수 없다는 사실이 행복한 결혼생활을 위축시킨다(그녀는 유산한다). 그리고 각자의 사업에 많은 에너지를 쏟으면서(패멀라는 패션 사업에, 보비는 유잉 정유에) 결혼생활의 위기를 경험한다. 하지만 패멀라의 경우 사랑은 결국 승리한다는 희망을 갖는다.

수 엘런과 패멀라는 친한 관계가 아니다. 서로 관련이 없고 서로에게 관심도 없다. 이들의 삶에서 감정적 에너지 대부분은 남자들에게 할애된다. 〈댈러스〉에서 이 두 여성들 간의 관계를 다루는 신들은 매우 드물지만 간혹 등장하기는 한다. 그런데 이러한 신들에서 논의되는 주제는 늘 한결같다. 즉, 유잉 가의 아내로서의 공통점들이다.

한 신에서는 미스 엘리의 유방 절제술 때문에 대화가 시작된다. 이전의 신에서 수 엘런은 제이 알에게 미스 엘리에게 일어난 일이 끔찍하다고 말한다. 제이 알은 수 엘런을 안심시키는 것처럼 '하지만 어머니는 잘 견딜 거야'라고 말하는데 수 엘런은 '때로는 그것만으로 충분하지 않아'라고 말한다. 이 말이 무엇을 의미하는지는 다음 대화에서 뚜렷해진다.

패멀라 너라면 그 일을 잘 감당하지 못하겠지?

수 엘런 네가 무슨 말을 하는지 모르겠어.

패멀라 미스 엘리의 수술 말이야.

수 엘런 너는?

패멀라 모르겠어. 난 차라리 몰라도 되는 일이었으면 좋겠어.

수 엘런 제이 알이 나와 사랑에 빠진 이유는 내가 미인대회 여왕이었기 때문이야.

패멀라 여성에게는 미적인 아름다움 말고 중요한 것들이 또 있어.

수 엘런 뭔데? 지성? 매력? 성격? 이런 것들이 중요하다고 생각해? 너도 그렇게 생각하지 않잖아?

패멀라 아냐. 중요하다고 생각해.

수 엘런 글쎄. 여자를 처음 봤을 때 지적 능력을 생각한다는 남자를 만나본 적이 없어.

패멀라 여성은 남성들을 위해서만 존재하는 게 아니야. 우리는 우선 우리 자신을 위해 존재한다고.

수 엘런 유잉 가 사람이랑 결혼하지 않는다면 그렇지.

패멀라 글쎄. 나도 유잉 가 남자랑 결혼했잖아.

수 엘런 제발 잘 좀 생각해 봐! 유잉 가 남성들이 우선이야. 난 네가 지금쯤은 이걸 이해했을 줄 알았어.

패멀라 넌 내가 제이 알이 아니고 보비와 결혼했다는 사실을 잊은 것
　　　　같네.

수 엘런 보비, 제이 알, 자크 누구라도 몇 년 후면 너를 똑같이 볼 거
　　　　라고. 하나의 소유물로 말이지. 너를 예쁘게 가꾸고 있는 편
　　　　이 좋을 거야.

　몇 달 후, 또 다른 대화 장면에서도 두 여성은 이전과 대체로 동일
한 입장을 취하고 있다. 바뀐 점이 있다면 이 시점에서 패멀라의 결
혼생활은 상당히 고통스럽다는 점인데, 이는 보비가 유잉 정유의 임
원이라는 위치에 전념하고 있어 패멀라와의 관계가 다소 멀어졌기
때문이다. 패멀라는 본인이 방치되고 있다는 감정을 느끼고 그녀의
사업뿐 아니라 알렉스 워드라는 친구로부터 보상을 받으려고 한다.
알렉스는 패멀라를 유혹하기 위해 온갖 노력을 다한다. 패멀라도 이
에 대해 냉담하진 않지만 보비를 두고 외도를 원하지 않는다. 다음
장면은 수 엘런이 레스토랑에서 패멀라가 알렉스와 함께 있는 것을
본 후에 이루어진 대화이다. 사우스포크 목장의 거실에서 패멀라가
독한 술을 막 비우고 있을 때 수 엘런이 등장한다.

수 엘런 그 술이 필요한 것 같군, 패멀라. 문제가 있어서 술을 마시는
　　　　것과 즐거움을 위해 술을 마시는 건 다르지!

패멀라 안녕, 수 엘런.

수 엘런 비밀 지켜줄게, 패멀라.

패멀라 난 종종 알렉스를 만나. … 네가 본 건 사업 관련 점심이었어.

수 엘런 글쎄. 내가 너에게 조언할 입장은 아니지만, 너랑 나 모두 유
        잉 가의 남자들과 결혼했어. 유잉 가의 여성들은 자기 스스로
        의 삶을 살아가야 한다는 걸 깨닫는 것이 쉬울 거야.

패멀라 글쎄. 나는 나 스스로의 삶을 살고 있어. 나도 일하잖아.

수 엘런 지금 일 이야기를 하는 게 아니라 삶 전체를 말하는 거야. 유
        잉 가 남자들은 우선적으로 권력에 관심을 가지고 애정은 그
        다음이야.

패멀라 나는 보비와 제이 알이 똑같다는 말을 절대 받아들이지 않을
        거야.

수 엘런 네가 어떻게 그런 말을 할 수 있어? 보비가 유잉 정유를 경영
        할 때 네 삶이 어땠어?

                            …

수 엘런 만약 제이 알이 다른 어디에서 사랑과 섹스를 찾는다면 나라
        고 못할 것 없잖아? 너라고 못할 것도 없는 거잖아?

패멀라 난 그런 사람이 아냐.

수 엘런 난 단지 네가 네 자신을 보호하기를 원해. 유잉 가의 남자들은
        다 똑같아. … 네가 살아남기 위해서는 두 가지 선택이 있어.
        네가 이 집을 나가던가, 그들의 법칙을 따르거나.

이때 보비가 들어온다. 그는 패멀라 쪽으로 와 그녀를 부드럽게
안는다. 이때 패멀라의 클로즈업 숏이 나오고, 패멀라는 마치 '우리
가 진심으로 사랑하고 있다는 걸 보고 있지!'라고 말하는 듯 보비의
어깨너머로 수 엘런을 의기양양하게 쳐다본다. 하지만 이 에피소드

는 포옹한 커플을 미소 지으며 바라보는 수 엘런의 클로즈업 숏으로 끝나는데 이 장면은 이들의 사랑은 필연적으로 식어버릴 수밖에 없을 것이라는 확신을 표현한다.

수 엘런과 패멀라는 유잉 가의 아내라는 동일한 사회적 위치를 갖지만 이에 대한 태도는 매우 다르다. 남성세계에 대한 수 엘런의 냉소주의는 바로 그 남성세계의 규범들로 인해 스스로를 종속되게 만든다. 한편 패멀라는 여전히 남성과의 조화롭고 동등한 관계의 가능성을 믿고 결혼생활에서 좁힐 수 없는 모순들에 봉착했을 때 이를 인정하기 거부하고 공황상태에 빠진다. 그렇다면 수 엘런의 입장은 극도의 비극적 감정 구조와 맞아떨어질 뿐 아니라 이를 표현한다. 반면 패멀라의 입장은 비극적 감정 구조에 대한 완강한 부정에 근거하고 있다. 사실 '진정한 사랑'이라는 유토피아에 대한 그녀의 지속적인 믿음은 대중연애소설 여주인공이 가지는 감정 구조를 연상시킨다. 편지를 보낸 시청자들 중 일부가 패멀라에게 로맨틱한 해피엔딩에 대한 판타지를 투영하면서 그녀에 대한 연민을 강조하는 것은 놀라운 일이 아니다.

> 저는 〈댈러스〉를 보는 걸 정말 좋아하는데, 특히 패멀라와 보비를 좋아해요. 왜냐하면 (드라마에서) 이들 사랑은 진정한 사랑처럼 생각되거든요. 비록 드라마 속이긴 하지만.　　　　　　　　　　－편지 6번

만약 작가들이 패멀라와 보비를 이 드라마에서 빼버린다면, 〈댈러스〉는 저한테 이제 끝이에요. 이 두 사람 간의 좋은 관계가 제가 이 드

라마를 보는 이유입니다. 저는 아직 '진정한 사랑'을 굳게 믿고 있어요.

— 편지 8번

하지만 〈댈러스〉와 같은 멜로드라마 연속극의 구조 안에서 패멀라의 위치는 불가능하다. 해피엔딩은 결코 달성될 수 없고 패멀라의 소망은 실현되지 못한 채 남아 있어야 한다. 따라서 패멀라의 꿈이 소용없다고 하는 수 엘런의 확신은 나중에 입증된다. 패멀라와 보비 사이의 소원한 관계는 이들이 크리스토퍼라는 아이를 입양했을 때 극복되는 것 같지만 이 또한 이들의 결혼을 지키지 못한다. 이들의 관계는 너무 소원하게 되어 패멀라는 결국 보비와 사우스포크를 떠나 혼자 살 결심을 하고 새로운 삶을 이룩하기 시작한다. 그녀는 오빠 클리프의 사업 파트너가 되는데 마크 그레이슨이라는 새로운 남자를 만나지만 그를 진심으로 사랑하지 않는다. 비록 이혼이 불가피함에도 불구하고 보비에 대한 생각이 그녀를 계속 따라다닐 뿐이다. 근본적인 변화는 아니지만 수 엘런의 상황 역시 바뀌게 된다. 그녀는 제이 알과 이혼하고 홀로 서는 삶을 사는 데 성공하는데, 그녀를 되찾고자 하는 제이 알의 능숙한 시도에 결국 굴복한다. 수 엘런은 예상치 않게 제이 알과 다시 결혼하게 되지만 두 번째 결혼도 즉각 실패하고 만다. 사실 제이 알의 유일한 목적은 상속자(이 둘 사이에 낳은 어린 아들 존 로스)를 갖는 것이었고 이 목적이 아니었다면 변하지 않았을 것이다. 이런 상황에 맞닥뜨린 수 엘런은 행복해지기 위한 모든 시도를 포기한다. 패멀라와 수 엘런이 공원에서 만나고 아이들이 행복하게 뛰어노는 장면에서 이러한 딜레마가 뚜렷하게 나타난다.

수 엘런 네가 무얼 원하는가에 달려있지 ….

패멀라 지난해에 있었던 일을 지워버리고 싶어. 예전으로 돌아가고 싶어.

수 엘런 우리의 삶을 바꿔버린 것들을 지워버릴 수 있으면 좋을 텐데. 물론 너보다 내 상황이 훨씬 더 단순하지.

패멀라 왜? 우리 둘 다 유잉 가 남자와 결혼했잖아.

수 엘런 패멀라. 네가 강한 여성이라는 것이 차이야. 나는 내가 강하다고 생각했지만 아니라는 걸 깨달았어. 나에게는 사우스포크가 필요해. 나 혼자는 아무것도 아니야. 내가 제이 알을 싫어하는 것만큼이나 제이 알 유잉 부인이어야 해. 그리고 나는 존 로스의 아빠로서 그가 필요해. 아마 나는 남편 없는 결혼생활을 그냥 해야 할 것 같아.

패멀라 수 엘런. 다른 방법이 있어.

수 엘런 나한테는 아니지만 너에게는 …. 너는 네 나름대로의 삶을 만들었잖아. 너는 웬트워스 산업의 일부이고 너는 너 혼자 힘으로 부자가 되었고 너와 결혼해주기를 기다리는 마크 그레이슨도 있잖아. 너는 사우스포크에서 다시 행복할 수 없어 ….

패멀라 수 엘런. 아마 네가 말한 모든 것들이 맞을 거야. 하지만 내가 여전히 보비를 사랑한다는 사실은 어떻게 해야 할까?

수 엘런 때로는 사랑만으로는 충분하지 않아, 패멀라. 내가 살아있는 증거야.

여기서 대부분의 말을 하는 사람은 수 엘런인데 그 이유는 끔찍한 상황에서 살아남을 수 있는 '해답'을 찾았기 때문이다. 그녀는 헤어날 길이 없다는 것을 깨닫고, 있는 그대로를 받아들인다. 하지만 패멀라는 여전히 현실을 받아들일 수 없고 받아들이지 않을 것이지만 그녀가 처한 상황의 압도적인 힘 앞에서는 무력하다. 그렇다면 어떤 입장이 더 비극적인가? 결국 모든 욕망을 포기한 수 엘런의 냉소적인 운명론, 아니면 강한 욕망의 분출구를 찾지 못한 패멀라의 헛된 소망?

수 엘런과 패멀라는 모든 것을 아우르는 가부장적 구조 안에 갇힌 결과로 생겨나는 여성이라는 주체의 두 가지 입장을 보여준다. 이 두 가지 입장의 명백한 차이에도 불구하고 결국 이 둘 모두 같은 운명을 공유한다. 이들은 가부장제의 모순들을 직접 경험하고 그에 대해 진단을 내리기도 하지만 변화의 가능성은 없다. 〈댈러스〉에서 페미니스트의 판타지는 전적으로 부재한다.

즐거움, 판타지, 그리고 문화정치

그렇다면 〈댈러스〉의 '페미니즘적 가능성'은 무엇인가? 많은 여성 시청자들이 경험하는 것같이 비극적 감정 구조를 인지하고 공감함으로써 〈댈러스〉로부터 즐거움을 얻는다는 것의 의미는 무엇인가?

이 장에서 지금까지 즐거움은 논의되지 않았다. 하지만 즐거움은 많은 페미니스트들이 고려하는 것이고 페미니스트 문화정치에 있어서 하나의 문제로 종종 간주된다. 광범위한 정치적 문제 중의 하나로서 즐거움에 대해 두 가지 질문을 제기할 수 있다. 첫째, 페미니즘과 같은 정치적 기획에서 즐거움은 어떤 관련성을 가지는가? 두 번째로, 여성들이 매력을 느끼고 즐기는 특정한 문화 형태가 갖는 정치적, 문화적 의미는 무엇인가?

이와 같은 질문들에 대해서는 쉽게 답할 수 없다. 하지만 페미니스트들은 만족스러운 대답을 찾는 것의 정치적 중요성에 대해 확신하고 있다. 따라서 미셸 배럿(Michèle Barrett)은 궁금해 한다. "만약 우리가 왜 그토록 많은 여성들이 〈우먼〉(Woman: 영국의 여성잡지)을 읽고 〈크로스로드〉(Crossroads: 영국의 드라마)를 시청하는지 이해할 수 없다면 어떻게 우리가 페미니즘 사상을 확산시킬 수 있겠는가?"9 여기서 배럿은 매우 독특한 방식으로 즐거움의 중요성을 주장하고 있다. 배럿은 여성들이 경험하는 즐거움을 이해하는 것이 여성들에게 페미니즘 의식을 유포할 수 있는 보다 효과적 방법을 발전시키는 데 유용하다고 주장하는 것 같다. 그 방법이 현재로서는 불투명하긴 하지만 배럿의 주장으로부터 도출할 수 있는 확실한 요점 하나는, 특정한 문화 형태들이 여성들 사이에서 대단한 인기를 누리고 있다는 사실은 진지하게 받아들여야 한다는 점이다. 따라서 배럿은 다음과 같이 말한다. "우리는 왜 '여성의 눈물을 짜내는 것'이 지속적으로 소구하는지 이해할 필요가 있다. … 우리는 그 이유에 대해 열린 마음으로 공감하면서 연구할 필요가 있다."10

이런 문제를 제기하면서 배럿은 '대중문화'를 통한 즐거움이 부적절하다고 전제하는 대중문화 이데올로기의 도덕주의를 회피한다. 여성의 눈물을 짜내는 것과 여성을 대상으로 한 모든 종류의 대중문화(예를 들어 패션, 서정적인 사랑 노래, 연속극)를 단순히 비난해서만은 안 된다. 이러한 문화 형태들이 여성들의 삶에 긍정적인 가치와 의미가 있다는 사실을 인정해야 한다는 것이다. 하지만 동시에 배럿은 완전히 반대의 극단으로 빠지지 않는다. 즉, 배럿은 어떤 종류의 즐거움이라도 그 자체로 정당화하고 설명할 필요가 없다는 포퓰리즘적인 입장을 지지하지는 않는다. 왜냐하면 배럿에게는 여성들이 전통적으로 경험하는 즐거움들을 이해하는 것이 페미니즘의 목적과 뚜렷하게 연결되어 있기 때문이다. 즉, 여성들 사이에서 인기가 있다는 **이유 때문에** 이러한 즐거움들을 단순히 찬양하는 것이 목적이 아니다(만약 그렇다면 이것은 기만적이고 포퓰리즘적인 연대의 한 형태일 것이다). 오늘날 여성들의 관심을 보다 철저하게 이해하는 것은 그것과 페미니즘의 이슈를 보다 효과적으로 결합하기 위함이다. 다행히도 여성들은 〈댈러스〉를 시청한다고 더 이상 수치스러워하거나 죄의식을 가질 필요가 없다. 하지만 동시에 페미니스트들은 즐거움을 페미니즘적인 행동계획 속에 위치시킴으로써 이러한 즐거움을 정치적인 측면에서 생산적으로 만드는 방법을 반드시 모색해야만 한다.

하지만 여전히 분명하지 않은 것은 배럿의 주장으로부터 어떤 결론을 도출할 것인가이다. 예를 들어 그토록 많은 여성이 〈댈러스〉에 매력을 느끼고 있다는 사실을 어떤 방식으로 정치적으로 유용하게 만들 수 있다는 말인가? 페미니스트들이 어떤 모습이든 간에 '페미니즘 드라마'를 만들어야 한다는 말인가? 아니면 〈댈러스〉에 대한 전복적인 해독을 권장할 수 있는 맥락들을 만듦으로써 퓨어와 사이터가 소망하는 바와 같이 연속극의 '페미니즘적 가능성'을 궁극적으로 실현하게 하자는 뜻인가?

여기 중요한 이론적인 문제가 제기된다. 즐거움을 과도하게 정치화하는 문제이다. 예를 들어 배럿이 여성들의 눈물을 짜내는 것들을 아무리 마음을 열고 공감하면서 접근하더라도, 즐거움은 페미니즘 사상을 받아들이는 것으로 이어지지 않기 때문에 궁극적으로 그리고 정치적으로 나쁜 것이라는 기본적인 전제는 남아있다. 비극적 감정 구조에 각인된 무력함에 대한 판타지와 페미니스트의 상상력에 각인된 저항과 해방에 대한 판타지 사이에는 새로운 대립 관계가 형성된다. 하지만 이러한 대립 관계는 무엇을 의미하는가? 이런 대립이 시사하는 것처럼 무력함의 판타지에서 즐거움을 경험하는 것이 반드시 정치적 수동성으로 이어지는 것일까?

여기서 중요한 이슈는 판타지적 삶, 즐거움 그리고 사회정치적 실천과 의식(consciousness) 간의 관계이다. 이런 맥락에서 배럿이 말한바, 즉 여성들의 눈물을 짜는 것이 왜 그토록 지속적인 소구력을 가지는지 이해하는 것은 비교적 덜 중요할지 모른다. 더 중요한 것은 비극적 감정 구조에 대한 감정이입으로 얻는 감정적인 즐거움이 여성들이 사회에서 본인이 차지한 위치를 이해하고 평가하는 방식에 어떤 함의를 가지는가를 묻는 것이다. 심지어 페미니스트 사이에서도 여성들의 눈물을 짜는 것이 지속적으로 인기를 얻고 있다는 점이 보여주듯이, (아직은) 이 두 가지 측면이 밀접하게 연관되어 있다고 보기 어렵다. 수 엘런 또는 패멀라의 비극적이고 피학대적인 입장들과 상상적으로 동일시하는 것은 '우리 안에 존재하는 억압'의

한 형태, 즉 페미니즘이 효과적인 대안을 아직 발전시키지 못했기 때문에 불행히도 여성들이 여전히 상기해야만 하는 가부장제의 '잔재'로 간주해야만 하는가? 아니면 이런 판타지적인 이야기들은 정치적 태도로부터 상대적으로 독립적인 의미를 여성들에게 주는 건 아닐까?

정치적인 활동은 개인에게 긍정적인 정체성을 제공하기 때문에 분명히 즐거움의 순간을 구성하지만, 전체적으로 페미니즘이라는 개념은 즐거움에만 기반을 두는 것이 아니며 절대 그럴 수 없다. 왜냐면 페미니즘의 기획 자체를 추진하는 것은 근본적으로 불쾌하다고 간주되는 현재의 사회질서에 대한 성난 거부이고 즐거움을 (신화적인) 이상적 미래에 투영하는 것이기 때문이다. 이러한 이유로 오늘날 많은 페미니스트의 판타지는 즐겁지 않고, 분노, 절망, 그리고 고통의 감정과 연결되어 있다. 정치적인 투쟁은 이상적인 미래와 주어진 현실 간의 거리를 줄여가는 방향으로 향해 있다. 하지만 이러한 투쟁이 이루어지는 가혹한 조건은 일상에서 불가피한 긴장 상태를 만든다. 절망감은 언제나 도사리고 있지만 이러한 이상을 포기하도록 만들지는 않는다. 투쟁은 지속되어야 하기 때문이다. 불편한 감정은 항상 존재하지만 더 나은 미래를 위해, 그리고 다음의 두 이유로 인해 정치적 투쟁에 있어서 필수적이다. 첫째는 이러한 미래가 아직 존재하지 않는다는 깨달음이고, 둘째는 이러한 미래에 가깝게 다가가기 위해서는 많은 에너지를 투자해야 한다는 깨달음이다.

하지만 불편한 감정만 가지고 살아가는 것은 불가능하다. 저 멀리 있는 유토피아를 최종적으로 성취할 때까지 기다릴 수만은 없다.

생존을 위해서라도 때때로 삶을 즐길 줄 알아야 한다. 달리 말하자면 우리가 처한 사회 상황에 대해 염려하더라도 이와 동시에 현재를 (적어도 부분적이나마) 낙관적으로 받아들이고 긍정해야 한다. 인생은 노력할 가치가 있는 것으로 경험되어야 한다. 더 나은 미래에 대한 가능성이 존재하기 때문만이 아니라 현재 그 자체가 즐거움의 이유가 될 수 있기 때문이다.

즐거움이 부재한 현재와 불쾌감이 존재하는 현재 사이의 거리를 없애주는 삶의 한 측면은 바로 판타지이다. 예를 들어, 페미니즘의 유토피아에 대한 판타지들은 부재한 이상을 상상 속에서 존재하는 것으로 만들어준다. 중요한 것은 판타지의 내용이라기보다는 **판타지를 갖는 것 그 자체**이다. 판타지를 생산하고 소비하는 것은 현실과의 유희를 가능하게 하는데, 이는 허구적이고 현실적이 아니기 때문에 '해방감'을 느끼게 해준다. 판타지라는 놀이에서 '실제 가치'에 대한 걱정 없이 여러 입장을 취하거나 '시도해 본다'. 이런 측면에서 '냉소적 운명론'의 입장(수 엘런)이나 '헛된 소망'(패멀라)의 입장과 상상적으로 동일시하는 것은 비관주의나 현실 사회의 삶을 체념하는 결과를 가지고 오므로 정치적으로 나쁘다고 말하는 것은 그다지 적절한 설명이 될 수 없다. 판타지의 차원에서는 이러한 입장들이 초래할 결과를 걱정할 필요가 없기 때문이다. 아마도 이러한 동일시는 즐거운 경험일 텐데 이는 유토피아가 실재한다고 상상하기 때문이 아니라 걱정 없이 비관적이고, 감상적이고, 절망해도 되는 가능성을 만들어주기 때문이다. 이러한 감정들은 실제적인 사회, 정치, 그리고 개인적인 투쟁에 있어서 스스로에게 허락하지 않지만 우리가 삶에서 모순들을 맞닥뜨렸을 때 일종의 위안을 준다. 이러한 의미에서 "연속극은 … 여성들이 이들에 대한 억압을 명랑하게 받아들임과 **동시에** 이러한 억압을 인식한다는 것, 억압에 대해 명랑하게 시위하고 있다는 점을 애매모호하게 표현하는 상황이다"[11]라는 테리 러벌의 주장을 이해할 수 있다. 하지만 억압을 받아들이는 것은 (시위와 마찬가지로) 판타지의 세계 안에서만 벌어지고 밖에서 벌어지지는 않는다. 같은 여성들이 '실제의 삶'에서 가지는 위치나 관점에 대해서는 아무것도 알 수 없다. 결국 연속극 시청이 그들이 하는 유일한 활동이 아니다. 다른 활동들에서는 다른 입장들을 취(해야만) 한다.

따라서 판타지는 비교적 단절되어 있고 독립된 허구의 영역이다. 판타지는 다른 삶의 영역들(예를 들어 사회적 실천, 도덕적 또는 정치적 의식)을 대신해 기능하지 않으며, 이와 동시에 기능한다. 판타지가 즐거움의 원천이 되는 주체(subjectivity)의 한 측면인 이유는, 판타지가 '현실'을 괄호 안에 넣어놓기 때문이고, 짜증 나게 복잡한 현존하는 지배와 복종의 사회관계에서 한 걸음 벗어나 현실의 모순들에 대한 상상의 해결책을 허구적으로 단순하게, 혹은 단순히 허구적으로 구성하기 때문이다.

따라서 비극적 감정 구조의 인식과 공감을 기반으로 둔 〈댈러스〉의 즐거움이 본질적으로 진보적인지 보수적인지, 정치적으로 좋은 것인지 나쁜 것인지 확인하는 것은 불가능해 보인다(이러한 질문은 마치 즐거움 자체가 중요하지 않은 것처럼, 즐거움에 대한 도구적인 개념을 전제하고 있다). 왜냐하면 이러한 즐거움은 이데올로기적 내용이 아닌, 비극적 감정 구조가 형성하는 **허구적 속성의** 입장 및 해결책과 연결되어 있기 때문이다. 내용의 측면에서 보면 비극적 감정 구조와 멜로드라마적 상상력이 야기하는 판타지의 입장과 해결책은 보수주의로 기울어져 있는 것 같기는 하다. 물론 이런 이유로 비판받을 수 있고 그래야만 한다(만약 이러한 입장과 해결책이 보수적인 재현이라면). 재현의 정치학은 중요하다. 하지만 우리가 〈댈러스〉 혹은 여성들의 눈물을 짜내는 것들을 시청하고 즐거움을 경험할 때 이들의 입장과 해결책을 공감할 수 있다는 사실은 전적으로 별개의 문제이다. 즉, 우리가 사랑하는 사람들과 친구들, 우리의 일, 우리의 정치적인 이상 등과의 관계에서 이러한 입장과 해결책을 채택해야만 한다는 것을 의미할 필요는 없다.

픽션과 판타지는 현재의 우리 삶을 즐겁게, 아니면 적어도 살 만한 것으로 만들어줌으로써 기능한다. 하지만 그렇다고 해서 즐거움이 급진적인 정치적 행위나 의식을 배제함으로써 기능한다는 것은 결코 아니다. 많은 페미니스트 영화 제작자, 작가와 예술가가 보여준 것처럼, 문화 생산의 층위에서 투쟁의 주요 이슈는 명백하다. 페미니스트들이 새로운 판타지를 생산하고 그들을 위한 장소를 위해 투쟁하는 노력을 꾸준히 하지 말라는 것이 아니다. 중요한 것은 문화 소비에 관한 한, 판타지의 '진보성'을 측정할 수 있는 일정한 기준은 존재하지 않는다는 것이다. 개인적인 것이 정치적인 것일 수 있다. 하지만 개인적인 것과 정치적인 것이 늘 연관된 것은 아니다.

서론

1 R. Corliss, "TV's *Dallas*: Whodunnit?", *Time*, 11 August 1980, p. 63.

2 A. Mattelart, X. Delcourt, and M. Mattelart, *International Image Markets*, Comedia, London, 1984, p. 90.

3 위와 같은 책, pp. 17~18.

4 P. Juneau, "Audience fragmentation and cultural erosion: A Canadian perspective on the challenge for public broadcasting", *EBU Review*, vol. XXXV, no. 2, March 1984, p. 20.

5 H. Newcomb, "Texas: A giant state of mind", *Channels of Communication*, April/May 1981, pp. 40~41.

6 I. Ang and M. Simons, "Interview with Stuart Hall", *Skrien*, no. 116, March 1982, p. 14.

제1장 〈댈러스〉, 현실과 픽션 사이

1 D. Prokop, *Faszination und Langeweil: Die populären Medien*. Ferdinand Enke Verlag, Stuttgart, 1979, p. 1.

2 S. Frith, *Sound Effects: Youth, Leisure and the Politics of Rock'n'Roll*, Pantheon, New York, 1982, p. 284.

3 I. Ang and M. Simons, "Interview with Stuart Hall", p. 13.

4 K. Marx (trans. M. Nicolaus), *The Foundations of the Critique of Political*

Economy, Penguin, Harmondsworth, 1973.

5 T. Lovell, *Pictures of Reality: Aesthetics, Politics and Pleasure*, BFI, London, 1980, p. 60.

6 P. Bourdieu, "The aristocracy of culture", *Media, Culture and Society*, vol. 2, no. 3, 1980, pp. 225~254.

7 R. Williams, *Television: Technology and Cultural Form*, Fontana, London, 1974, p. 94.

8 S. Frith, *Sound Effects* …, p. 92.

9 텔레비전 프로그램에 대한 기호학적 접근의 토대가 되는 연구로 다음을 참고할 것. U. Eco, "Towards a semiotic inquiry into the television message", *Working Papers in Cultural Studies*, no. 2, 1972; S. Hall, "Encoding and decoding in the television discourse", *CCCS Occasional Stencilled Papers*, Birmingham, 1973.

10 다음 글을 참고할 것. R. C. Allen, "On reading soaps: A semiotic primer", in E. Ann Kaplan (ed.), *Regarding Television*, American Film Institute, Los Angeles, 1983.

11 D. Morley, *The 'Nationwide' Audience*, BFI, London, 1980, p. 10.

12 J.-M. Piemme, *La Propagande Inavoué*, Union Générale d'Editions, Paris, 1975.

13 위와 같은 책, p. 176.

14 위와 같은 책, p. 144.

15 R. Williams, *Marxism and Literature*, OUP, Oxford, 1977, p. 97.

16 J.-M. Piemme, *La Propagande inavoué*, pp. 120~121.

17 C. MacCabe, "Realism and the cinema: Notes on some Brechtian theses", *Screen*, vol. 15, no. 2, 1974. 이 논문의 일부는 다음 저서에 재인쇄됨. T. Bennett, S. Boyd-Bowman, C. Mercer, and J. Woollacott (eds.), *Popular Television and Film*, BFI, London, 1981, pp. 216~235.

18 C. MacCabe, "Theory and film …", p. 17.

19 여기서는 할리우드 영화의 관습들에 대해 짧게 이야기할 수밖에 없다. 더 자세한 내용은 다음을 참조할 것. D. Bordwell and K. Thompson, *Film Art: An Introduction*, Addision Wesley, Reading, 1980. 다음 참고문헌도 유용하다. J. Monaco, *How to Read a Film*, OUP, New York/Oxford, 1981 (rev. edn.).

20 또한 다음 저서를 참고할 것. J.-M. Piemme, *La Propagande inavoué*, pp. 170~

171.

21 고전적 리얼리즘 텍스트 이론에 대한 비평은 다음을 참고할 것. T. Lovell, *Pictures of Reality* …, pp. 84~87; D. Morley, "Texts, readers, subjects", in S. Hall, D. Hobson, A. Lowe, and P. Willis (eds.), *Culture, Media, Language*, Hutchinson, London, 1980, pp. 163~173.

22 R. Barthes, *The Pleasure of the Text*, Hill & Wang, New York, 1975; Jonathan Cape, London, 1976, pp. 11~12.

제2장 〈댈러스〉와 멜로드라마적 상상력

1 C. Geraghty, "The continuous serial: A definition", in R. Dyer (ed.), *Coronation Street*, BFI, London, 1980, p. 10.

2 위와 같은 책, pp. 14~15.

3 T. Todorov, 다음 저서에서 인용됨. C. Geraghty, "The continuous serial …", p. 13.

4 연속극의 역사에 대해 다음 저서들을 참조할 것. M. Edmonson and D. Rounds, *The Soaps*, Stein & Day, New York, 1973; M. G. Cantor and S. Pingree, *The Soap Opera*, Sage, Beverley Hills, 1983.

5 가정주부를 위한 연속극의 기능에 대해서 다음 문헌들을 참조할 것. H. Herzog, "What do we really know about daytime serial listeners?" in P. F. Lazarsfeld and F. N. Stanton (eds.), *Radio Research*, Duel, Sloan & Pearce, New York, 1944; D. Hobson, *Crossroads: The Drama of a Soap Opera*, Methuen, London, 1982, Chapter 6.

6 S. Frith, *Sound Effects* …, p. 46.

7 또한 다음 저서를 참조할 것. E. Seiter, "Men, sex and money in recent family melo-dramas", *Journal of the University Film and Video Association*, vol. XXXV, no. 1, winter 1983.

8 T. Brooks and E. Marsh, *The Complete Directory to Prime Time TV Shows*, Ballantine, New York, 1981, p. 178.

9 T. Modleski, "The search for tomorrow in today's soap operas", *Film Quarterly*, fall 1979, p. 12.

10 S. Johnston, "Crossroads: Approaches to popular television fiction", paper read at BFI Summer School, 1981, p. 10.

11 G. Swanson, "*Dallas*, part 1", *Framework*, no. 14, spring 1981, p. 62.

12 C. Brunsdon, "Crossroads: Notes on soap opera", *Screen*, vol. 22, no. 4, 1981, p. 34.

13 위와 같은 논문, p. 34.

14 W. Brakman, 라디오 인터뷰 중에서 (9 January 1982).

15 D. Thornburn, "Television melodrama", in R. Adler and D. Cater (eds.), *Television as a Cultural Force*, Praeger, New York, 1976, p. 78.

16 다음 저서를 참조할 것. M. Jordan, "Convention and realism", in R. Dyer (ed.), *Coronation Street*.

17 H. Newcomb, *TV: The Most Popular Art*, Anchor Books, New York, 1974, p. 137.

18 위와 같은 책.

19 T. Elsaesser, "Tales of sound and fury", *Monogram*, no. 4, 1972, p. 2.

20 위와 같은 책, p. 14.

21 S. Sontag, *Illness as Metaphor*, Vintage Books, New York, 1979.

22 M. B. Cassata et al., "In sickness and in health", *Journal of Communication*, vol. 29, no. 4, autumn 1979, pp. 73~80.

23 D. Thorburn, "Television melodrama", in *Television as a Cultural Force*, p. 83.

24 L. Mulvey, "Notes on Sirk and melodrama", *Movie*, no. 25, winter 1978, p. 53.

25 G. Swanson, "*Dallas*, part 1".

26 다음 저서를 참조할 것. E. Tee, "*Dallas*: Het gezin van de week", *Skiren*, no. 118, May/June 1982.

27 G. Swanson, "*Dallas*, part 1".

28 L. Mulvey, "Sirk and melodrama", *Australia Journal for Screen Theory*, no. 4, 1978, p. 30.

29 L. Mulvey, "Notes on Sirk …", p. 54.

30 위와 같은 책.

31 또한 다음 논문을 참조할 것. J. Feuer, "Melodrama, serial form and television today", *Screen*, vol. 25, no. 1, 1984, p. 11.

32 Mulvey, "Notes on Sirk …", p. 54.

33 T. Modleski, "The search for tomorrow …", p. 12.

34 R. Barthes, *S/Z*, p. 76.

35 E. Seiter, "Promise and contradiction: The daytime television serials", *Film Reader 5*, Evanston, 1982, p. 158.

36 T. Modleski, "The search for tomorrow …", p. 14.

37 M. J. Arlen, "Smooth pebbles at Southfork", in M. J. Arlen (ed.), *The Camera Age*, Farrar, Straus & Giroux, New York, 1981.

38 S. Johnston, "Crossroads …", p. 11.

39 T. Modleski, "The search for tomorrow …", p. 14.

40 H. Newcomb, "Texas: a giant state of mind", p. 41.

41 H. Newcomb, *TV: The Most Popular Art*, p. 178.

42 P. Brooks, "The melodramatic imagination: The example of Balzac and James", in D. Thornburn and G. Hartman (eds.), *Romanticism: Vistas, Instances, Continuities*, Cornell University Press, Ithaca/London, 1973, p. 218. 다음 저서도 참조할 것. P. Brooks, *The Melodramatic Imagination*, Yale University Press, New Haven, 1976.

43 P. Brooks, "The melodramatic imagination. …", p. 219.

44 위와 같은 책, p. 211.

45 V. Morin, "The television serial: Life in slow motion", in *Il Feuilleton in Televisione*, RAI, Venice, 1977, p. 48.

46 R. Barthes, *The Pleasure of the Text*, p. 52.

47 위와 같은 책, p. 61.

제3장 〈댈러스〉와 대중문화 이데올로기

1 제2차 세계대전 이후 미국 대중문화의 상승에 대해 유럽 지식인들이 피력한 부정적인 견해에 관해서는 다음 저서를 참고할 것. D. Hebdige, "Towards a cartography of taste, 1935~1962", *Block*, no. 4, 1981, pp. 39~56.

2 J. Bardoel, J. Bierhoff, B. Manschot, and P. Vasterman, *Marges in de media*, Het Wereldvenster, Baarn, 1975, pp. 58~59.

3 T. Eagleton, "Ideology, fiction, narrative", *Social Text*, no. 2, 1979, p. 64.

4 다음에서 인용. 〈*De Volkskrant*〉, 14 November 1981 (강조 추가).

5 M. Foucault, *L'Ordre du Discours*, Gallimard, Paris, 1971.

6 S. Freud, *Jokes and the Relationship to the Unconscious*, Penguin, Harmondsworth, 1976, p. 232.

7 G. Therborn, *The Ideology of Power and the Power of Ideology*, Verso, London, 1980, p. 27.

8 위와 같은 책, p. 28.

9 포퓰리즘에 대한 일반적 논의에 대해서는 다음 저서를 참조할 것. E. Laclau, *Politics and Ideology in Marxist Theory*, Verso, London, 1977, chapter 4.

10 다음 저서는 실용적인 이데올로기와 이론적인 이데올로기의 차이를 구분하고 있다. L. Althusser, *Philosophie et Philosophie Spontanée des Savants*, Maspero, Paris, 1974. 그람시가 말한 '철학'과 '상식'의 구분도 이와 연결되어 있다.

11 다음 논문의 내용과 비교할 것. P. Bourdieu, "The aristocracy of culture", pp. 243~244.

12 다음 논문의 내용과 비교할 것. P. Bourdieu, "The aristocracy of culture", pp. 243~244.

13 위의 글, p. 237.

제4장 〈댈러스〉와 페미니즘

1 다음을 참고할 것. E. Seiter, "Men, sex and money …".

2 다음을 참고할 것. T. Modleski, "The search for tomorrow …".

3 위와 같은 책.

4 T. Modleski, *Loving with a Vengeance: Mass-Produced Fantasies for Women*, Shoe String Press, Hamden, 1982/Methuen, London, 1984, p. 14.

5 J. Feuer, "Melodrama, serial form and …".

6 위와 같은 책, p. 15.

7 E. Seiter, "Eco's TV guide: the soaps", *Tabloid*, no. 5, winter 1982, p. 4.

8 대중연애소설의 내러티브 전략들에 관한 분석에 대해서는 다음을 참고할 것. T. Modleski, *Loving with a Vengeance* …, chapter 2.

9 M. Barrett, "Feminism and the definition of cultural politics", in R. Brunt and C. Rowan (eds.), *Feminism, Culture and Politics*, Lawrence & Wishart, London, 1982, p. 56.

10 위와 같은 책, p. 57.

11 T. Lovell, "Ideology and Coronation Street". in R. Dyer (ed.), *Coronation Street*, p. 51.

찾아보기